ちくま新書

ウクライナ戦争

小泉 悠
Koizumi Yu

1697

ウクライナ戦争【目次】

第2章 開戦前夜 2021年9月〜2022年2月21日 055

第3章 「特別軍事作戦」 2022年2月24日〜7月 099

オホーツク海
ロシア連邦
東部軍管区
（司令部：ハバロフスク）
北方領土
中国
日本
モンゴル

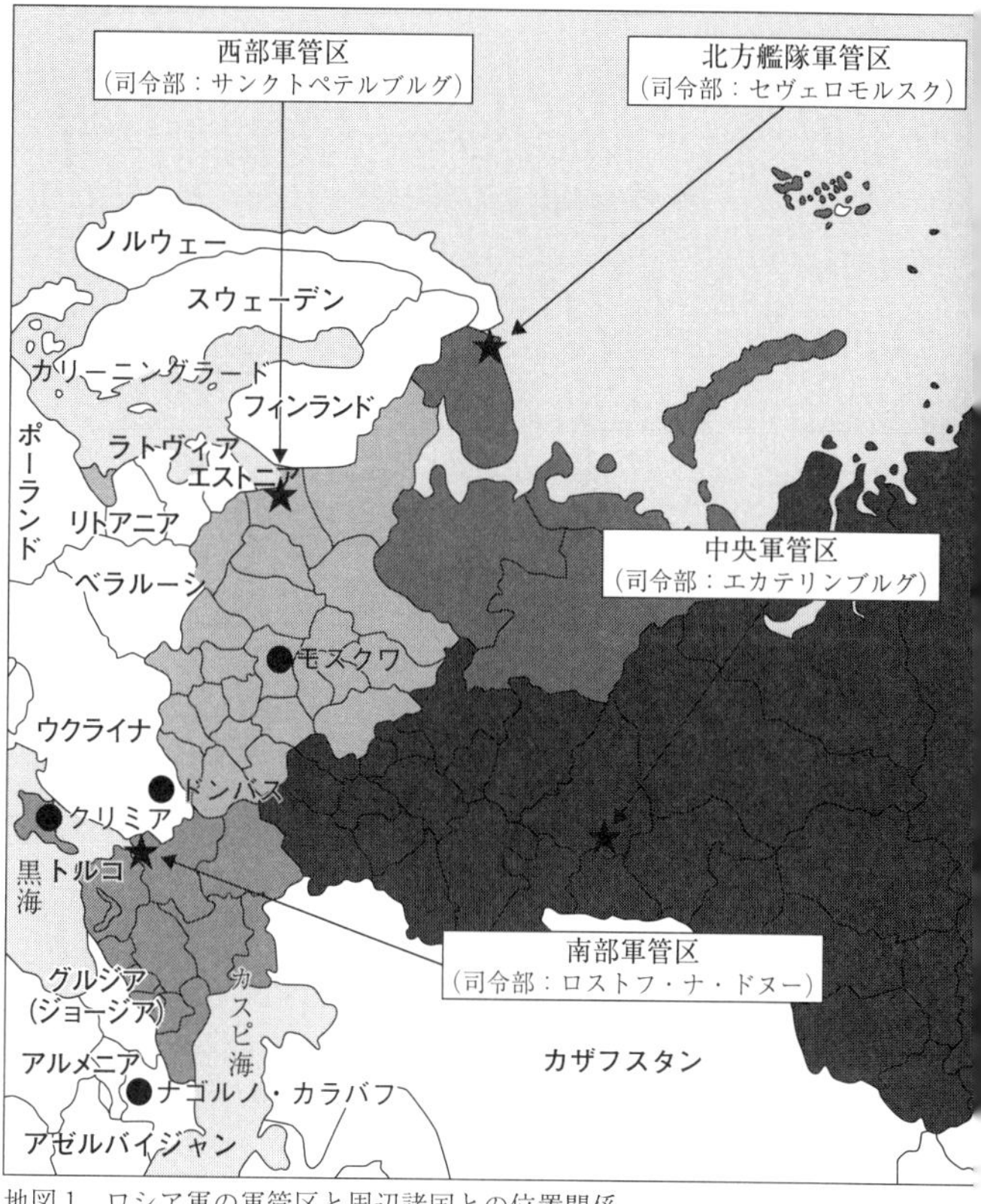

地図1　ロシア軍の軍管区と周辺諸国との位置関係

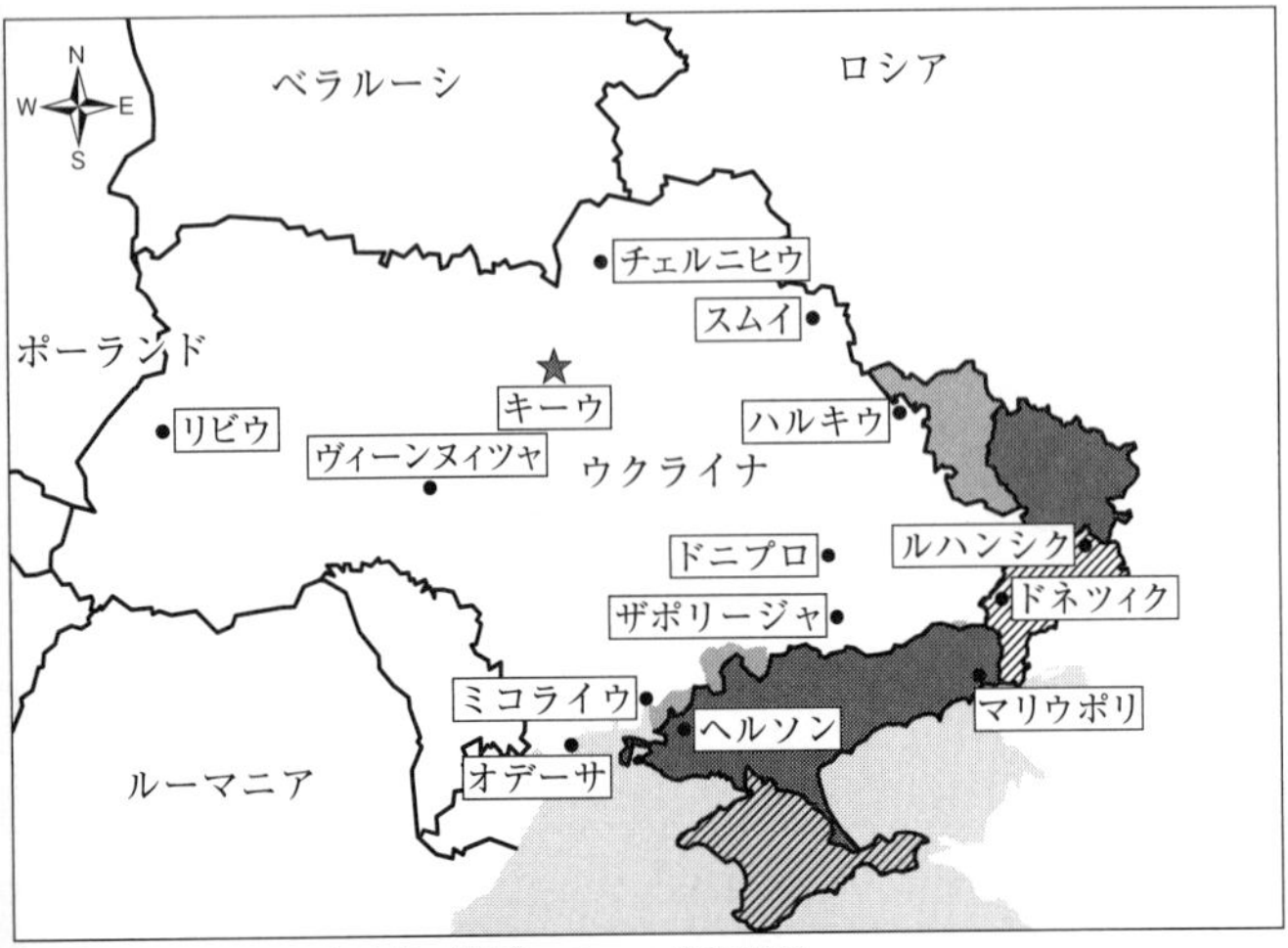

ウクライナの反攻地域　ロシアの進軍地域

2022 年 2 月 24 日以前にロシアが支配していたウクライナ領

地図 2　ウクライナ全土地図および戦線（米シンクタンク「戦争研究所」の資料を基に作成。2022 年 10 月 4 日時点）

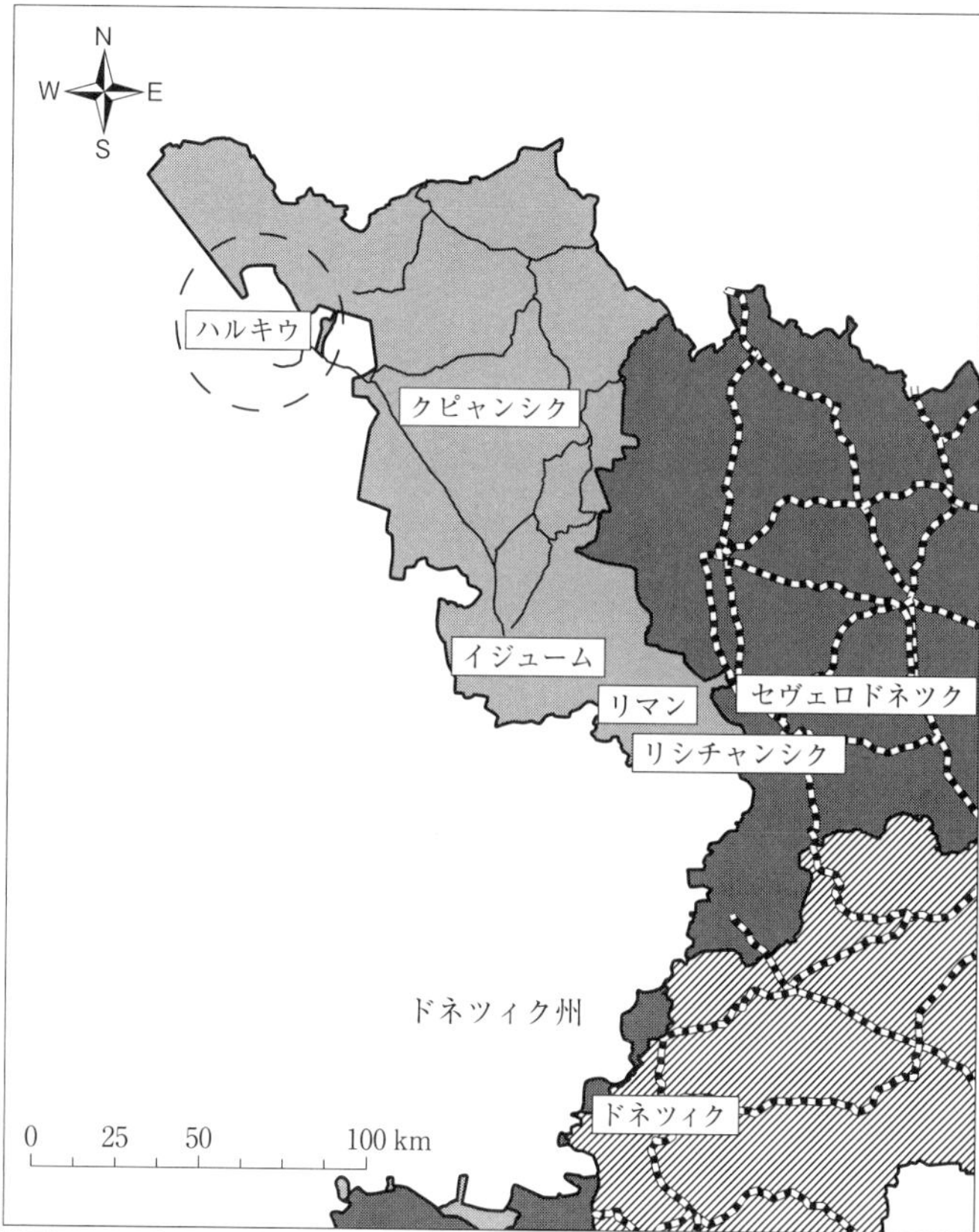

ウクライナの反攻地域　ロシアの進軍地域
2022年2月24日以前にロシアが支配していたウクライナ領

地図3　ウクライナ、ハルキウをめぐる戦線（米シンクタンク「戦争研究所」の資料を基に作成。2022年10月4日時点）

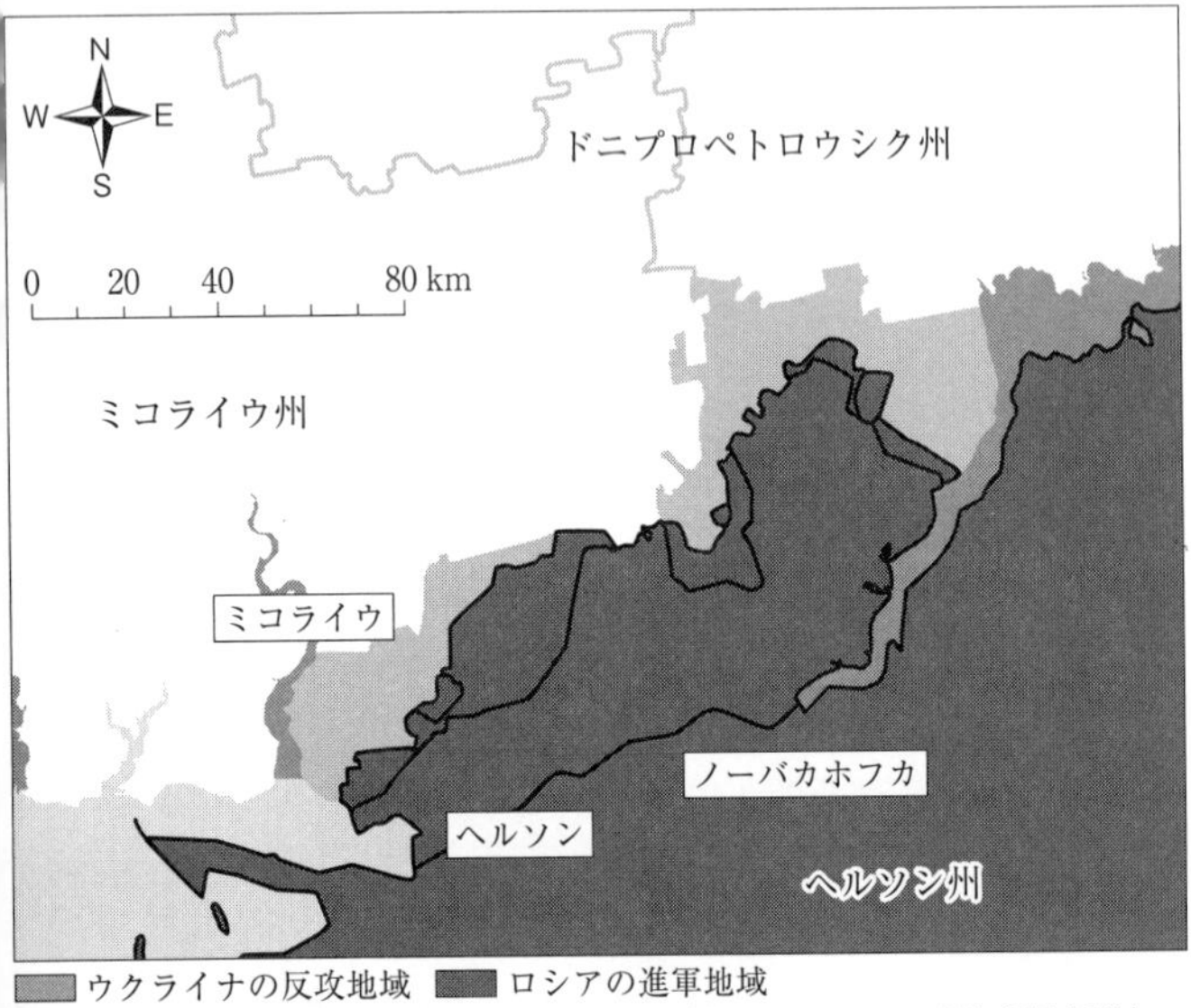

地図4　ウクライナ、ヘルソンをめぐる戦線（米シンクタンク「戦争研究所」の資料を基に作成。2022年10月4日時点）

略語表

4GW	第４世代戦争
ACLED	紛争ロケーション・事態データプロジェクト
BTG	大隊戦術グループ
BWC	生物兵器禁止条約
CAATSA	制裁を通じて米国の敵対者に対抗する法律
CSIS	戦略・国際研究センター
DCFTA	高度かつ包括的な自由貿易圏
DDoS	分散型サービス拒否
EEAS	EU 対外行動局
EU	欧州連合
FSB	ロシア連邦保安庁
GOMU	ロシア参謀本部組織動員総局
GRU	ロシア参謀本部情報総局
GUR	ウクライナ国防省情報総局
HARM	高速対輻射源ミサイル
HIMARS	高機動ロケット砲システム
IAEA	国際原子力機関
ICBM	大陸間弾道ミサイル
IDDCU	ウクライナ防衛のための国際ドナー国会合
IPSC	国際平和維持・安全保障センター
IPW	戦争の最初期段階
ISR	情報・監視・偵察
KGB	ソ連国家保安委員会
MANPADS	歩兵携行型地対空ミサイル
MLRS	多連装ロケットシステム
NATO	北大西洋条約機構
NFZ	飛行禁止区域
OHCHR	国連高等人権弁務官事務所
OSCE	欧州安全保障協力機構
OSINT	公開情報インテリジェンス
PfP	平和のためのパートナーシップ
PGM	精密誘導兵器
SBU	ウクライナ保安庁
SEAD/DEAD	敵防空システム制圧／破壊
SLBM	潜水艦発射弾道ミサイル
SMM	ウクライナ監視団
SVR	ロシア対外情報庁
TCG	三者コンタクトグループ
UAV	無人航空機
VDV	ロシア軍空挺部隊
VLF	超長波

はじめに

†「世界の終わり」を待っていた場所で

「おーい、その日本人こっちによこせ！」

土産物屋の前に立っている男が叫ぶと、ヨレヨレの軍服を着た別の男が怒鳴り返した。

「こっちが先だ！」

ペルヴォマイスクにあるウクライナ国防省付属戦略ロケット軍博物館での一コマである。かつての大陸間弾道ミサイル（ＩＣＢＭ）発射基地兼司令部を丸ごと博物館に改装したという施設で、事前申し込みは必要だが、今では誰でも見学することができる。２０１９年6月のこの日、筆者はウクライナ軍事博物館ツアーの解説者役としてこの博物館を十数人の日本人とともに訪れていた。

それにしてものどかな場所だ。ウクライナのちょうど中央部あたりに位置するペルヴォマイスクは初夏を迎えており、あたりには紫色のラベンダーが咲き乱れている。かつて、この基地の地下に10発の大威力核弾頭を備えた巨大ミサイルが配備され、息を潜めて世界の終わりを待っていたとは到底信じられなかった。

さらに言えば、博物館の職員たちもどうにもユルい。職員といってもただの管理人ではなく、ソ連時代には実際にICBMを運用していたラケーチク（ミサイル部隊隊員）たちだ。だが、第三次世界大戦を戦うという悪夢のような任務から解放された今、主な仕事は見学者相手に基地の歴史を解説することや設備の保守を行うことくらいになっている。そして、筆者の目の前にいる男……先ほど「こっちが先だ！」と怒鳴った男は、この博物館の館長、というか司令官であった。

「これは基地のエンブレムが入ったマグカップ、これは記念メダルだ」

机の上に、彼は様々な品物を並べている。「ちょっと来い」と個室に招き入れられたときは何事かと身構えたが、なんのことはない、これらの記念品を日本人観光客に売りつけようというのだった。値段はどれも日本円にして数百円程度。これが博物館の運営費になるのか、司令官のポケットマネーになるのかは判然としないが（おそらく後者なのだろう）、なんともささやかな商売である。

「この博物館についての資料はありませんか」

筆者が尋ねると、司令官は「あるよ」といって机の引き出しから薄いパンフレットを取り出した。質の悪い一枚紙を三つ折にしたもの。詳細な図録を期待していた筆者としてはアテが外れたが、結局はマグカップと一緒にそれを買って司令官の部屋を出た。

待ち構えていたのは、先ほどの土産物屋の男である。こちらは軍人なのかどうかわからなかったが、愛想はいい。

「これはソ連軍のガスマスク、本物だぞ。毛皮の帽子もある。皮の地図カバンは？　あんたなんでロシア語喋るんだ？　えっ、奥さんがロシア人。名前は？　そうか。子供はいるのか？　マラジェーツ（えらいぞ）！　女の子？　名前は？」

もちろん、博物館の仕事は土産物を売りつけることではない。かつてのＩＣＢＭ基地を負の歴史遺産として保存することがこの博物館に与えられた使命である。

元ラケーチクの職員に伴われて小さな（本当に小さな）エレベーターで地下に降りると、そこにはＩＣＢＭの発射管制装置があった。元ラケーチクが手慣れた様子で電源を入れると、灰色に塗られた金属の制御板に並ぶプラスチック製のボタンや表示盤に明かりが灯った。

「やってみよう、これが発射ボタンだ。3、2、1で押してください。3、2、1、発射！」

もちろん、ミサイルが飛び出すことはない。この発射管制室から少し離れた場所にある地下発射管からは既にミサイルは取り払われており、その周囲におよそ10kmの間隔で並んでいた同様の発射管は米露の軍縮条約に従って全て破壊されている。博物館は文字通り博物館としての機能しか果たしていない。

†舞い戻ってきた大戦争

21世紀の世界は、このようなものであるはずだった。ラケーチクたちは世界の終わりを待つことをやめて、外国人の観光客にマグカップや用済みのガスマスクを売りつける。戦争がなくなったわけではないが、それは国家とテロ組織による非対称戦争であり、激しい総力戦はもう起こらない。巨大な軍隊同士が激しい会戦を行ったり、国民を総動員するような大戦争は歴史の教科書の中だけの出来事になる——このように考えていたのは筆者ばかりではなかった。

英陸軍の戦車将校であり、のちに欧州連合軍副司令官を務めたルパート・スミスは、著書『軍事力の効用』を「もはや戦争は存在しない」という挑発的な一言から書き起こした。

スミスによれば、「多くの一般市民が経験的に知っている戦争、戦場で交戦国双方の兵士と兵器によって戦われる戦争、国際的な状況下の紛争に決着をつける大がかりな勝負としての戦争、このような戦争はもはや存在しない」（Smith, 2005）。核兵器の登場や国際秩序の変化によって、国家間の大戦争はもはや過去のものとなったというのである。

大規模な国家間戦争はもはやあり得ず、戦争は国家対非国家主体による「非対称戦争」とか、非軍事的手段を駆使する「戦争に見えない戦争」へと変容していくだろうという議論は、スミスに限らず、冷戦終結後の30年間で幾度となく唱えられてきた。原子力空母もF-35戦闘機も役立たずであり、それよりも対テロ戦争のために特殊部隊を大増強すべきだと主張するショーン・マクフェイト（米国防大学教授）の議論などはその最新バージョンと言えるだろう（McFate, 2019）。

＊

しかし、2022年2月24日に始まったロシアのウクライナ侵略は、こうした未来予測からは大きく逸脱するものであった。

本書で見ていくように、今回の戦争は第二次世界大戦後には数えるほどしか起きてこなかった大規模戦争であり、特に21世紀に入ってからは最大規模のものである。さらに本書の脱稿直前、ロシアのウラジミール・プーチン大統領は部分動員令を発令し、第一次動員だけで30万人もの市民が軍に召集されることになった。最終的な動員規模は100万人に及ぶとの見方もあるが、いずれにしてもロシアがこれだけ大規模な動員を行うのは第二次世界大戦以来のことである。

この戦争の「大きさ」は現在進行中の諸紛争との比較においても確認できる。世界の軍事紛争に関する情報を収集・分析している「紛争ロケーション・事態データプロジェクト（ACLED）」によると、2022年2月から9月末までに発生した戦闘は世界全体で1万8061回であり、このうちウクライナでの戦闘発生回数は3170回と世界最多であった。つまり、全世界で起きている戦闘の約6分の1がウクライナに集中していることになる。しかも、ACLEDのデータには麻薬組織などが引き起こしたものも含まれるから、国家間戦争という括りで見た場合の比率はさらに高まる。

†本書の問いと構成

結局のところ、大戦争は決して歴史の彼方になど過ぎ去っていなかった、というのが今回の戦争の教えるところであろう。テクノロジーの進化や社会の変化によって闘争の方法は様々に「拡張」していく。だが、それは大規模な軍隊同士の暴力闘争という、最も古典的な闘争形態が消えて無くなることを意味していたわけではなかった。

では、これだけの大戦争が何故起きてしまったのか。それは本質的にどのような戦争であるのか。戦場では何が起きており、日本を含めた今後の世界にどのような影響を及ぼすのか――これらが本書における問いである。

そこで本書は、次のように展開することにした。

まず第1章～第2章は、今回の戦争に先立つ1年間に焦点を当て、戦争への道がどのように展開していったのかを描き出す。この過程において決定的な役割を果たしたのはロシアである。特にロシアのプーチン大統領は開戦前の2021年7月頃からウクライナに対する民族主義的野望をあからさまな形で示すようになっており、その直後から戦争準備が加速していった。一方、ウクライナ側もロシアに対しては相応の強硬姿勢は取ったが、それが戦争の根本的な原因ではない、という図式をここでは提示している。

第3章～第4章は、2022年2月24日の開戦から本書脱稿時点（2022年9月末）に至るまでの7カ月間を対象として、戦況がどのように推移していったのか、そこで鍵を握った要素は何であったのかを概観する。甘い見通しに基づいたロシアの作戦計画とその破綻、これに続く激しい戦争、欧米とロシアの相互抑止などを中心として議論を展開するが、現在進行形の出来事を横目で見ながら執筆したために、刊行までに大きく事態が変化している部分、のちに明らかになった事実などが抜け落ちている可能性があることはあらかじめお断り申し上げておきたい。

第5章では、少し角度を変えて考察を展開する。筆者は2021年に冷戦後のロシアにおける軍事理論を扱った『現代ロシアの軍事戦略』を上梓した。ロシアが大規模な戦争をどのように遂行しようとしているのかがその中心的なテーマであったが、あくまでも可能性の問題であったものが、今次の戦争では現実となった。

では、実際にロシアの戦争遂行は理論的に見てどのように理解できるのか、理論の中の何が実現し、何が実現しなかったのかなどがここでの中心的な検討対象であり、結論としてはテクノロジーや非軍事的手段を用いた革新的な闘争方法というよりも兵力と火力を中心とした非常に古典的な戦争として理解できるということを論じている。

また、第5章では、この戦争の原因についても論じた。その結論は第1〜2章に関して述べたとおりである。すなわち、プーチンのいう「ウクライナはネオナチ思想に毒されている」といった主張には客観的な根拠がなく、NATO拡大が差し迫っていたわけでも、ロシアの安全が顕著に脅かされていたわけでもない。したがって、より民族主義的な「プーチンの野望」とでもいったものを仮定しないことにはロシアの戦争動機は説明がつかないのではないか。ただ、そのように仮定してもロシアのウクライナ侵略が何故、2022年2月24日でなければならなかったのかは説明できない、ということも併せて論じた。

†一当事者としての視点

なお、筆者にとって、この戦争は全くの他人事であるとは言えない。

筆者はこの戦争が始まる以前から公開情報インテリジェンス（ＯＳＩＮＴ）や衛星画像分析の手法を用いてロシアの軍事的な動向を追跡しており、メディアからも頻繁にコメントを求められる立場にあった。当初、その多くは純粋に軍事的な観点からの戦況解説であったが、やがてロシアの主張は正しいのか、ウクライナによる抵抗は是か非か、日本としての対応はどうあるべきかといった政治的主張を避けて通れない状況が増えていった。この意味では、筆者が戦争をめぐる世論形成の一翼を担ってきたことは否定できない。

しかし、社会的現象である戦争に関して、一切のバイアスを排除した議論というものはそもそも存在しえないのではないか。また、筆者のウクライナに対する姿勢は、多少の判《ほう》官贔屓《がんびいき》を含みつつ、あくまでも日本の安全保障にとってプラスかマイナスかという観点に立脚しているつもりである。本書は、こうした自分の立ち位置と、日本人としての損得勘定を踏まえた上で今回の戦争について論じたものであって、その評価は読者に委ねるほかあるまい。

†若干の補足

本書では、今回の戦争を第二次ロシア・ウクライナ戦争と呼んでいる。２０１４年に発生したロシアによるクリミア半島の強制「併合」と東部ドンバス地方での紛争が第一次ロシア・ウクライナ戦争であったという位置付けである。言い換えるならば、今回の戦争は突然起こったものではなく、それに先立つ文脈が存在していたということであるが、本書ではこうした前史についてほとんど言及しなかった。第一次ロシア・ウクライナ戦争については前著『現代ロシアの軍事戦略』で既に一度扱った上、このほかにも多くの優れた解説が存在しているからである。

さらに言えば、ロシアとウクライナの関係性を論じようとするならば、9世紀のキエフ・ルーシ成立にまで遡ることも可能である。ソ連時代におけるウクライナの位置付け、第二次世界大戦とウクライナの関わり、冷戦後のロシア・ウクライナ関係もこの戦争を理解する上では有力な手がかりとなろうし、プーチンの言説にもこうした歴史的経緯が強い影響を及ぼしている。ただ、軍事専門家である筆者はこの点に関して語る上で明らかに適任者ではなく、歴史的側面についてはやはり先行研究に譲るほかないと判断した。

他方、現在のウクライナが歴史・文化・宗教・言語などを少なからずロシアと共有していることは事実であり、特に言語面ではかなりの割合の国民（その比率については諸説あるが、最小の見積もりで約3割、最大で約半数）がロシア語を母語としている。第二次ロシア・ウクライナ戦争が始まって以来、日本の政府やメディアは人名や地名の表記を一斉にウクライナ語の発音に切り替えたが、これを本書でも踏襲するかどうかについては、以上の理由から若干の戸惑いがあった。

現在のウクライナ政府がウクライナ語を唯一の公用語としている以上、例えば首都をロシア風の「キエフ」ではなくウクライナ風に「キーウ」と表記することには一定の理があろう。ロシア語を母語として育ったウクライナ大統領、ウラジミール・ゼレンスキーをヴォロディミル・ゼレンシキーと表記することも同様である。

しかし、第二の都市ハリコフ（ウクライナ語ではハルキウ）、東部のドネツク（同ドネツィク）及びルガンスク（同ルハンシク）、黒海に面した港町のオデッサ（同オデーサ）などはどうか。

これらの地域にはロシア系住民が多く、少なからぬ住民がロシア語を母語としている。こうした都市の地名や住民の名前を一律にウクライナ語で表記することは、そこに暮らす人々のアイデンティティを否定することになりはしないか。実際、第一次ロシア・ウクライナ戦争勃発後に「地域言語法」が廃止され、ロシア語がウクライナの公用語から外されたことはロシア政府、ウクライナのロシア系住民、さらには欧州議会からも非難を受けたという経緯がある。

それでも、本書ではウクライナの地名、人名、その他は原則的にウクライナ語の発音法に則って表記することにした。ロシア風、ウクライナ風のどちらを用いるか、いちいち判断することは現実的ではないと判断したためであるが、この点については異論もあろう。あくまでも締め切りの範囲内で一冊の本をまとめるためのテクニカルな措置であることをお断りしておきたい。

最後に、本書には多くの軍事用語や兵器の名称が登場する。これが一般の読者にとって決して読みやすいものでないことは承知の上で、あまり遠慮はしないことにした。本書が扱うのは戦争であり、その中で最も大きな比重を占める軍事力について十全に語ることが筆者として最も大きな貢献になるだろうと考えたためである。なるべくイメージをつかみやすくするようには務めたつもりであるし、過度なマニアックさは抑制したつもりではあるが、ある程度専門的な言及に踏み込まざるを得ない点については、以上のような次第でご容赦を願いたい。

第 1 章

2021年春の軍事的危機

2021年1月〜5月

ウクライナ国内のアントノウ工場で会見するゼレンシキー大統領(©AP/アフロ)

1　バイデン政権成立後の米露関係

†集結するロシア軍

今回の事態に直接繋がる展開は、2021年春頃に生じた。同年初頭以降、ロシア軍が「演習」の名目でウクライナ国境周辺に集結し始めたのである。3月末の時点でウクライナ軍総司令官（当時）のルスラン・ホムチャクが述べたところによると、集結したロシア軍の規模は28個大隊戦術グループ（BTG）相当、集結した兵員はクリミアとドンバスだけで6万人以上にのぼり、さらに25個BTGがここに短期間で追加されうるとしていた。

また、アンドリー・タラン国防相（当時）は4月半ば、国境沿いのロシア軍が11万人を超えたと発言している。この中にはロシア軍西部軍管区の第1戦車軍や中央軍管区の第41諸兵科連合軍といった主力部隊が含まれると見られたことから、軍事的緊張はさらに高まった。軍というのは複数の師団や旅団を隷下《れいか》に置く規模の大きな戦闘単位であるから、非常に大きな軍事力がウクライナ周辺に集まり始めていたことを以上の情報は示唆していた。

しかもこの間、2014年から紛争地域であり続けてきたドンバス地方（ウクライナ東部のドネツィク・ルハンシク両州）では親露派武装勢力による停戦違反（砲撃など）が激増していた。散発的な砲撃はそれ以前から起きていたが、これが2021年1月から3月半ばまでの期間には7000件を超えたのである。現地の状況を監視している欧州安全保障協力機構（OSCE）のウクライナ監視団（SMM）によると、2020年7月末から2021年3月までの間に発生した停戦違反の総数はおよそ1万2000件とされており、そのうちの約6割が2カ月半ほどに集中して発生した計算になる。

4月14日から15日にかけての夜間、アゾフ海で民間の商船を護衛していたウクライナ海軍の艦艇に対してロシア国境警備隊の沿岸警備艇が進路妨害を行ったことも緊張をいっそう高めた。

ウクライナも自国の部隊を増強し始めた。特にロシア国境に面する東部正面や、2014年に強制併合されたクリミアに面する南部正面には、多くの部隊を展開したと見られている。ロシア側は、これを挑発であるとして逆にウクライナへの非難を強めた。4月2日、ロシア大統領府のドミトリー・ペスコフ報道官が「残念ながら、（ドンバスの）停戦ラインにおける現実はますます憂慮すべきものとなっている」と発言したのに続き、翌3日には、ヴャチェスラフ・ヴォロディン下院議長がウクライナを欧州評議会から除名するよう求めた。

ヴォロディンがこのように述べたのは、ウクライナ軍のドローン攻撃でドンバス地方の5歳の子供が死亡したという主張に基づいている。だが、欧州連合（EU）の対外行動局（EEAS）によれば、死亡したとされる子供の写真は2014年に亡くなった子供のものであり、SMMもこの日に民間人に対する攻撃は確認されなかったとしている（*EU vs DiSiNFO*）。

さらに4月8日には、ドミトリー・コザク大統領府副長官が、ウクライナの行動は「子供がマッチで遊ぶようなもの」であり、それが「終わりの始まり」になると述べた。ここに至り、ウクライナ情勢は2015年2月の第二次ミンスク合意で一応の停戦が成立して以来、最大の危機を迎えているという認識が西側諸国にも広がった。

2021年4月の欧州は、ウクライナでの戦争再燃という事態を本格的に懸念せざるを得ない状況に置かれていたのである。

†あっけない幕切れ

ロシアの非難の矛先は西側にも向けられた。

緊張がピークに達しつつあった4月15日、マリア・ザハロワ外務省報道官が、NATOの大規模演習「ディフェンダー・ヨーロッパ2021」がウクライナ周辺を含む地域で実施されたこと、ウクライナ軍人に対する訓練や武器を提供していること、NATOの艦艇や爆撃機が黒海に展開していることなどを挙げて、事態の責任が西側にあると主張したことはその好例であろう。もっとも、その10日前にはペスコフ大統領報道官が「ロシア軍はロシア領内にいるのであって、どこの国にも脅威を与えているわけではない」と釈明していたことを考えると、ザハロワの発言はいかにも二重基準の感を拭えない。

しかし、緊張の糸は突然に途切れた。4月22日、ロシアのセルゲイ・ショイグ国防相は、ウクライナ周辺におけるロシア軍の集結は即応性をチェックするための「抜き打ち検閲」であり、全ての目標が達成されたので、部隊は5月1日までに駐屯地へ戻るよう命じた。この際、ショイグが撤退を命じたのは、南部軍管区第58諸兵科連合軍、中央軍管区第41諸兵科連合軍、独立兵科である空挺《くうてい》部隊（VDV）の第7空中襲撃師団及び第76空中襲撃師団並びに第98空挺師団であり、これらはまさにウクライナ国境周辺に集結して懸念を呼んでいた諸部隊であった。

当初、ショイグの声明は懐疑的に見られたものの、ロシア軍の撤退は実際にある程度の規模で進んだことから、国際社会の関心は急速に薄れていった。ウクライナのヴォロディミル・ゼレンシキー大統領も、「警戒は解けないが」と前置きした上で、これが緊張緩和につながる措置であるとしてロシア側の決定を歓迎するメッセージをTwitterに投稿している。突然高まった緊張は、少なくとも表向き、やはり突然に緩和へと向かったように思われた。

†トランプ退場に神経を尖らせるロシア

では、この2021年春の軍事的危機を引き起こしたロシアの狙いとは何だったのか。第一に挙げられるのは、バイデン政権への牽制という可能性であろう。2020年の大統領選でドナルド・トランプが敗れたことにロシアは少なからぬ懸念を抱いていたからである。

2016年の選挙戦中から、トランプはウクライナに対して冷淡だった。ウクライナ問題でより大きな影響を受けるのは我々よりも欧州ではないか。なぜドイツはもっとウクライナ問題に真剣に取り組まないのか。なぜウクライナの周辺諸国が対処しないのか。なぜいつもアメリカが、ロシアとの第三次世界大戦の危険を冒して先頭に立たねばならないのか——米国ばかりが秩序維持のためのコストを押し付けられているというトランプの主張は、同人が掲げる「アメリカ・ファースト」の主張と響き合うものであったと言えよう。

これがロシアにとっても極めて都合のよい政治的主張であったことは言うまでもない。この発言をロシアの国営プロパガンダ・メディア『スプートニク』が報じていることからもその点はうかがえる。

もちろん、クリミア強制併合は認められないという米国政府の公的な立場はトランプ大統領就任後も大きく変わったわけではなかったし、トランプ自身も対露制裁の強化を盛り込んだ「制裁を通じて米国の敵対者に対抗する法律（CAATSA）」に2017年に署名してもいる。第一次ロシア・ウクライナ戦争後に発動されたエネルギー産業への投資規制をさらに拡大するとともに、ロシアの軍需産業と取引を行うこと自体を一律に制裁事由とするというもので、2018年と2019年にはこれに基づいて中国とトルコが米国の制裁を受けた。

しかし、トランプ個人はやはりロシアにひどく甘かった。国家のトップとしてロシアを非難するような発言がトランプ本人からなされることはついぞなく、ウクライナを積極的に支援する姿勢も見せなかったのである。さらにトランプは2018年7月にヘルシンキで予定されていた米露首脳会談の直前、クリミアの併合を承認する可能性も排除しないと発言した。

会談後の共同記者会見では、2016年の大統領選に対するロシアの介入疑惑（いわゆるロシア・ゲート）について、「プーチン大統領が介入していないと言っているのだから、自国の情報機関よりもプーチンの言い分を信じる」と言い放った。この会談に同席していた国家安全保障会議ユーラシア担当上級部長のフィオナ・ヒルはこれを「我が国にとって最も屈辱的な瞬間の一つ」と述べ、非常ベルを鳴らして強制的に記者会見を中止させることまで考えたと述べている。

以上を鑑《かんが》みるに、トランプ政権の成立で米露が一挙に和解へ向かうという予想（あるいは懸念）は空振りに終わったとしても、トランプ個人はやはりロシアにとって便利な存在であったと言えるだろう（Weiss, 2019. 6. 25.）。

†牽制は効いたか？

バイデンの姿勢は全く異なっていた。第一次ロシア・ウクライナ戦争当時に米国副大統領であったバイデンがクリミアの強制併合やドンバスへの軍事介入を認めるはずはなく、ウクライナ問題に関する対露姿勢はトランプよりもずっと厳しいものになるだろうと予想されたためである。

実際、バイデンは就任後の2021年2月、ロシアによるクリミア強制併合を認めないとの声明を発表し、併せてウクライナへの軍事援助を強化する方針を米国防総省が発表している。つまり「政府としてはロシアの振る舞いを認めないが、そのトップは妙にロシアに甘い」という一種の異常事態が終わることをバイデン政権の成立は意味していた。

このようにしてみると、ロシアが演出した2021年春の軍事的危機は、バイデン政権に対して「ウクライナに肩入れするな」というメッセージであったという解釈が成り立ちそうである（*International Politics and Society*, 2021. 4. 20.）。

では、牽制はどの程度効いたのだろうか。

2021年5月、バイデン政権は、ロシアからドイツに向けて建設されていた新天然ガス・パイプライン「ノルド・ストリーム2」に対する制裁緩和（完全な制裁解除ではなく、操業に向けた一部の制限解除）を発表した。総延長1200kmに及ぶ「ノルド・ストリーム2」はロシアの欧州向け天然ガス輸出を大幅に増加させる可能性を秘めた巨大プロジェクトである。それだけに独露はこのプロジェクトに大きな期待をかける一方、ロシアへのエネルギー依存がさらに強まるのではないかという懸念も根強かった。バイデン政権が態度を変えた背景ははっきりしないが、ロシアはこれを緊張緩和のシグナルと受けとめた。

翌6月の16日には、バイデンの大統領就任後初めて、プーチン大統領との対面会談が行われた。この会談は2021年春の軍事的危機の最中に米側が打診したものとされ、やはり緊張緩和に向けた大きな動きと言えた。

会談では、ウクライナ問題や人権問題については平行線であったとされるものの、いくつかの点では前進が見られた。その直前に発生した米国パイプライン企業へのサイバー攻撃（ロシアの関与が強く疑われていた）については表向き不問とされる一方、サイバー安全保障や核軍備管理での協力を進めていくとの方針で二人の大統領は一致したのである。合意内容をまとめた共同声明には、「核戦争に勝者はなく、戦われてはならない」という1985年のレーガン＝ゴルバチョフによる共同声明が引用された。

会談直前、バイデン大統領が「我々はロシアとの対立を望んでいない」、「予測可能で安定した関係を望んでいる」と述べていたことなどからしても、バイデンが目指していたのは、一種のデタント（緊張緩和）——つまり抜本的な関係改善は望めないとしても、当面は米露が平和共存するという方向性であったように思われる。

米国は、ウクライナ政策に関してもかなりの自制を発揮した。前述のように、バイデンは就任早々にクリミア半島の強制併合を認めないことを明言したし、ウクライナに対する軍事援助も継続した。しかし、前者はあくまでもオバマ政権期以来の米国政府としての公式見解を再確認したものに過ぎず、後者については年間3億ドル程度であった軍事援助をわずかに増加させただけである。

2021年9月に行われたウクライナ大統領ヴォロディミル・ゼレンシキーとバイデン

の初会談も、ウクライナ側にとっては期待はずれに終わった。

ゼレンシキーはこの会談において、ウクライナのNATO加盟に関する米国の支持及び何らかの防衛コミットメントを取り付けること、ドンバス紛争の解決に関して米国からより大きな支援を得ること、「ノルド・ストリーム2」に対する制裁緩和を撤回させることなどに期待をかけていたとされる。

しかし、蓋を開けてみれば、バイデンはウクライナのNATO加盟に関しては一切の言質《げんち》を与えず、6000万ドルの追加軍事援助を発表しただけであり、「ノルド・ストリーム2」への制裁緩和もそのままであった。ウクライナに対するロシアの振る舞いは認めないが、ロシアとの厳しい対立は望まない、という姿勢が改めて確認される会談であったと言えよう。

次章以降で見ていくように、ロシアは、西側がウクライナ問題で敵対的な姿勢を取るから開戦を余儀なくされたとのナラティブを展開したが、以上の経緯からは、そのような印象を持つことはどうにも難しいように思われる。

†ウクライナ・ゲート

ちなみに、ウクライナはバイデンにとって一種の鬼門であった。同人の次男であるハンター・バイデンは2014年5月からウクライナの天然ガス企業ブリスマで重役を務めており、これがあからさまな利益誘導ではないかとの非難を受けていたからである（BBC. 2014.5.14.）。当時、第一次ロシア・ウクライナ戦争はすでに始まっていたから、ウクライナが米国の支援を取り付けるために政権ナンバー2を買収しようとした、と受け取られても仕方がないだろう（ハンターの報酬は月額5万ドルにも及ぶとされている）。

また、ブリスマ社に関しては以前から脱税疑惑が取り沙汰されていたが、そこにハンターが関与している、バイデンがウクライナ政府に圧力を掛けてこの件についての捜査を中止させた、ハンターの仲介でブリスマの幹部がバイデンと面会していた――などなど、バイデン家とウクライナの繋がりには様々な噂が存在してきた。これらの疑惑はマスコミで「ウクライナ・ゲート」と呼ばれたが、これはもちろんトランプの「ロシア・ゲート」になぞらえたものである。

2020年の大統領選で再選を目指していたトランプは、この点に目をつけた。のちに明らかになったところによると、2019年7月に行われた米宇電話首脳会談の際、トランプはゼレンシキーに対し、ブリスマの脱税にハンターが関与していなかったかどうか改めて捜査してほしいと要請したという。当時、民主党の大統領候補としての地位を固めつつあったバイデンに打撃を与える狙いがあったことは明らかであろう。

しかも『ワシントン・ポスト』が同年9月に明らかにしたところによると、トランプは電話会談の1週間前に4億ドル分のウクライナ向け軍事援助を一時停止するよう命じていた（Demirjian, Dawsey, Nakashima and Leonnig, 2019.9.23.）。軍事援助を人質にバイデン攻撃の片棒を担ぐようゼレンシキーを脅迫したのではないか——という疑惑が当然、ここからは生じてくる。

のちに公開された会談記録（ただし再構成されたもの、ということわりが付いている）によると、トランプは軍事援助の再開とハンターの捜査を明確な交換条件としていたわけではなく、ゼレンシキーも捜査再開に関しては前向きな返答を行っていた。

ただ、軍事援助が恣意的に停止されたこと（なぜ停止されねばならなかったかが明確に説明されていない）、トランプがウクライナに働きかけて政敵の弱みを握ろうとしていたことはおそらく間違いなく、同人が自らの権力維持という観点からウクライナ問題に関心を持っていたことは明らかであろう。

ただ、わからないのは、ウクライナ・ゲートがバイデンのウクライナ政策に何らかの影響を及ぼしたのかどうかである。ロシアとの平和共存路線が大国間政治の力学だけに基づいたものであったのか、それともバイデンの個人的な弱みを突かれたくないという内政上の配慮が多少なりとも影響したのか。この点は筆者の専門から大きく外れるので確定的なことを述べるのは避けるが、おそらく真相は相当先になるまで明らかにならないと思われる。

†ナヴァリヌィ・ファクター

これに加えて指摘しておきたいのは、2021年春というタイミングが、プーチンにとっては内政上の危機と捉えられていた可能性である。

バイデン政権成立の3日後にあたる1月23日、何者かに毒物を投与されてドイツで療養していた野党活動家アレクセイ・ナヴァリヌィがロシアに帰国した。同人は入国直後にロシア内務省に拘束され、そのまま収監されたが、これに対してロシア全土では大規模な抗議デモが巻き起こった。

その規模は10年前の2011年12月に発生した下院選不正疑惑に対する抗議デモ以来とされ、プーチンが自らの権力に不安を抱いたことは容易に想像できる。その数カ月前にはベラルーシ大統領選をめぐって全国的な抗議デモが発生し、長年同国に独裁者として君臨し続けてきたアレクサンドル・ルカシェンコ大統領が失脚寸前の窮地に陥っていたことを思えば尚更であろう。

しかも、プーチンは国民の異議申し立てを「外国の干渉」と見なしてきた。例えば前述した2011年の抗議デモについて、プーチンは、その参加者が「西側から金を貰っている」、「その背後にいるのは2004年にウクライナで政変（筆者注：いわゆるオレンジ革命）を引き起こしたのと同じ連中だ」と述べている。さらに2014年にウクライナで再び政変（マイダン革命）が発生すると、プーチンはこれも西側の支援を受けた「クーデター」であると断じて軍事介入（本書でいう第一次ロシア・ウクライナ戦争）に踏み切った。

プーチンはその後も、自国や友好国での政権に対する異議申し立てを外国の介入であるとする見方を繰り返しているが、そこに存在するのは「自発的な意志を持った市民」というアイデアそのものへの深い懐疑である。

2010年代前半に在モスクワ米国大使を務めたマイケル・マクフォールによれば、「背後で操る者がいなければ、大衆は立ち上がらない。大衆は国家の道具や手段であり、ものを動かすテコである」というのがプーチンの世界観であり、訪露したジョン・ケリー国務長官に対して、在露米国大使館は自分の放逐を狙う勢力を支援していると公然と述べたという（マクフォール2020）。

大衆が自分の考えで政治的意見を持ったり、ましてや街頭での抗議運動に繰り出してくることなどあり得ず、そのような事態が起きた時には必ず首謀者と金で動く組織が背後に存在するというのがプーチンの世界観なのである（Soldatov and Borogan, 2015）。

とするならば、ナヴァリヌィの帰国とこれに続く抗議デモの広がりは、バイデン政権が仕掛けたロシア不安定化工作であるとプーチンが考えていた可能性がここからは導かれよう。

2　ゼレンシキー政権との関係

†コメディアンvsスパイ

2021年春の軍事的危機をロシアによる「牽制」と見なした場合、その矛先はウクライナのゼレンシキー政権に対しても向けられていた可能性がある。

ゼレンシキー大統領の対露姿勢は当初、決して厳しいものではなかった。というよりも、第一次ロシア・ウクライナ戦争以来、ロシアの占領下に置かれているクリミア半島や、未だに戦闘が続く東部ドンバス地方の問題をどのように解決するのか、明確なビジョンを持っていなかったように見える。2019年の大統領選においてゼレンシキーが掲げた公約の中には「一時的に占領されている領土の奪還」がたしかに掲げられていたものの、その具体的な方策は詳しく説明されていない（Ze!Team.info, 2018.12.26.）。

一方、選挙戦中に有力紙『ウクラインシカ・プラウダ』が行ったインタビューに対して、ゼレンシキーは「自分はリベラルな人間であって、戦争でドンバスを取り返すことには反対である」、「ドネツィクやルハンシクの親露派武装勢力指導者は「操り人形」であって話しても意味がなく、ロシアと交渉するほかない」、「ハゲの悪魔（筆者注：プーチンを指す）と交渉して誰も死なせないようにする」旨を述べており、ロシアとの交渉が鍵であるという姿勢を示してはいた（*Украинская правда*, 2018. 12. 26.）。ただ、ロシアをどうやって交渉の場に引き出すのか、どのような戦略で交渉に臨むのかといった具体的なことはここでもやはり語られていない。

ちなみにコメディアンとして成功したゼレンシキーは、2015年に放映されたテレビドラマ「国民の僕《しもべ》」で大統領役を務めたことから一挙に国民的支持を集め、2019年の大統領選で本物の大統領になってしまったという異色のキャリアを持つ。それだけにゼレンシキーは人の心をつかむのが天才的にうまく、自分がプーチンとの直接交渉に乗り出せば2014年以来の紛争に解決の糸口を見出せると本気で信じていたのかもしれない（ルデンコ2022）。

だが、ゼレンシキーが元コメディアンなら、プーチンはKGB（ソ連国家保安委員会）の元スパイである。前者が「陽」の力を駆使して大統領に上り詰めたのだとすれば、後者は脅迫や暗殺も辞さない「陰」の力の使い手――。この時点で5年も続いていた東部ドンバス地方での紛争は、対極に位置する二人のリーダーの手に委ねられた。

†シュタインマイヤー方式をめぐって

結論から言えば、第二次ロシア・ウクライナ戦争の開戦に至るまでの期間、終始主導権を握ったのはプーチンの側であった。ゼレンシキーは、自らの切り札と考えていた直接交渉の機会自体をほとんど持つことができず、むしろ交渉を餌として妥協に次ぐ妥協を強いられてきた。

時系列的に見ると、大統領就任から2カ月後の2019年7月、ゼレンシキーはプーチン宛ビデオメッセージを送っている。ここでゼレンシキーが提案したのは、2015年と2016年にそれぞれ一回ずつ開催されたドイツ、フランス、ロシア、ウクライナの四者協議枠組み、いわゆる「ノルマンディー4（N4）」に米英を加えた拡大協議を開催することであった。ただ、この提案をロシア側は黙殺し、欧米からもはかばかしい反応は得られなかった。

そこでゼレンシキーは8月、プーチンと秘密裏に電話会談を持ち、両国で懸案となっていた捕虜の交換を持ちかけたとされている（『ウクラインシカ・プラウダ』によると交渉が始まったのは2019年8月7日のことであった)。ロシアとウクライナが拘束している捕虜を同数ずつ交換するというもので、この構想は翌9月、双方が35人ずつの捕虜を交換するという形で実現した(*Украинская правда*, 2019.9.7.)。また、これに合わせて行われた公式の露宇電話首脳会談では、両国首脳が近く対面で会談することも合意された。プーチンとの直接交渉の機会が、ついに巡ってきたことになる。

しかし、その代償として、ゼレンシキーは大きな妥協を迫られていた。第二次ミンスク合意の履行に関して、ドンバスの紛争地域の地位を決定するための住民投票を行うと10月1日に発言したのである。

第二次ミンスク合意とは2015年2月に結ばれた紛争解決ロードマップであり、大きく分けて、①治安項目(前線での戦闘停止や重火器の撤去、外国軍隊〔ロシア軍やロシアの送り込んだ武装勢力〕の撤退など)と、②政治項目(ウクライナ側が憲法を改正してドンバスに「特別の地位」を認めること、現地で住民投票を行うことなど)から成る。ゼレンシキーが言及した住民投票とは、このうちの政治項目の中核を成すものであった。

しかし、合六強《ごうろくつよし》が指摘するように、第二次ミンスク合意の履行順序には曖昧な点があり、治安項目と政治項目をどの順番で進めるのかについてはロシア側とウクライナ側との間に溝があった。ウクライナ側がまず治安項目の履行を——つまり戦闘停止や外国軍隊の撤退が完了したのちに政治項目へ進むというふうにこの合意を理解したのに対して、ロシアの理解は真逆で、治安項目の履行状況にかかわらず、政治項目を履行せよと主張したのである。ドンバスがロシアの占領下に置かれた状態で「特別の地位」を認めさせ、住民投票を行うことができれば、ウクライナの分裂状態を固定化し、ロシアに弱みを握られたままにしておけるとの目論見があったと思われる（合六2020年12月）。

「シュタインマイヤー方式」と呼ばれる解決策は、こうしたすれ違いをどうにか解消するために編み出されたものであった。提唱者であるドイツのフランク＝ヴァルター・シュタインマイヤー外相の名前を取ったもので、第二次ミンスク合意の履行順序を、①OSCEの監視の下で住民投票を行う、②ウクライナ側はその日の夜に両地域に「特別の地位」を認める法律を暫定的に発効させる、③選挙が自由で公正なものであるとOSCEが認めれば、「特別の地位」に関する法律を恒久化する、の三ステップに明確化することを柱としている。

ゼレンシキーの住民投票発言は一見、このシュタインマイヤー方式の受け入れを意味するものに見えたために、ウクライナの世論は強く反発した。治安項目の履行状況にかかわらず——ということは、ロシアの占領状態を終わらせることを前提とせずに政治項目の履行に踏み込むというシュタインマイヤー方式は、第二次ミンスク合意に関してロシア側の解釈を受け入れることを意味していたためである。

†窮地に立たされるゼレンシキー

こうした中で、ウクライナ国内におけるゼレンシキーの立場は次第に悪化していった。2020年初頭の時点でウクライナ国民の64％がドンバス紛争の解決を最重要の課題であると考えていたにもかかわらず、ゼレンシキー政権がこれを実現できていると考える国民の割合は、2019年11月時点の70％から2020年1月には44％へと急落していた (Kudelia, March 2020)。

さらにゼレンシキーがシュタインマイヤー方式を受け入れたとの理解が国民の間で広がると、キーウでは「降伏にNO！」というスローガンを掲げた抗議デモが開催されるに至ったほか、2014年のマイダン革命を暴力化させた右派からの非難が強まったことで、ゼレンシキーは自らの権力維持にも不安を抱かざるを得ない状況に陥った。

正確に言えば、ゼレンシキーはシュタインマイヤー方式をそのまま受け入れようとしていたわけではない。10月1日にゼレンシキーが述べたのは、あくまでもウクライナ法の下で、しかもロシア軍の撤退後に住民投票を行うということであって、治安項目の履行を先にすべきであるという立場には変化はなかった。しかし、この発言はまたたくまに拡大解釈され、ゼレンシキーがロシアに「降伏」しようとしているとの非難が強まった。一見、平和的な対話路線が完全に裏目に出た格好である。

それでも、ゼレンシキーが追求していたプーチンとの直接交渉は、2019年12月のパリにおける会談（ドイツとフランスを交えた四者会合と、プーチン及びゼレンシキーによる二国間会合）という形で実現はした。しかし、国境線の管理などについてのロシアとウクライナの主張は平行線を辿り、決定的なブレイクスルーは得られていない。シュタインマイヤー方式を実際にどのように履行するのかについても明確な合意はなされずじまいであった。

ゼレンシキーの対話路線は事実上、ここで頓挫《とんざ》を迎えた。その後もゼレンシキーは幾度かプーチンとの直接対話を提案したものの、ロシア側が取り合わなかったためである（電話会談は幾度か実施されており、2020年7月にはドンバスでの停戦にも一応は合意したが、のちに戦闘が再燃した）。治安項目の履行にかかわらず、シュタインマイヤー方式に基づいて政治項目（住民投票）を実施せよというのが相変わらずのロシア側の立場であった。また、米国や欧州もゼレンシキーの対話の呼びかけには総じて冷淡であり、2020年には新型コロナウイルスの蔓延が世界的な問題となったこともあって、両者が相まみえる機会は現在まで一度も訪れていない。

†メドヴェチュークの政界復帰

この間、ゼレンシキーは、「野党プラットフォーム－生活党」の党首ヴィクトル・メドヴェチュークの動きにも神経を尖らせていた。

弁護士出身のメドヴェチュークは1997年にウクライナ最高会議議員に当選し、最高会議第一副議長を経て2002年から2005年にかけては大統領府長官を務めたという人物である。

同時に、メドヴェチュークはプーチンとの深い関係で知られてきた。メドヴェチュークの娘に洗礼名を授けたのがプーチンであったこと（Чивокуня, 2007. 6. 20.）を挙げるだけでも、この点はうかがい知れよう。

それだけにメドヴェチュークは顕著に親露的な傾向を持った政治家であり、第一次ロシア・ウクライナ戦争ではドネツィクとルガンスクをウクライナの国家内国家とする「連邦化」を支持したほか、親露派武装勢力とも秘密裏に会合を繰り返していたことが明らかになっている（*Украинская правда*, 2014. 6. 25.）。プーチンの支援を得て大統領となったヴィクトル・ヤヌコヴィチが2014年のマイダン革命で失脚した後、メドヴェチュークはロシアがウクライナ国内に持つ最有力の協力者であった。

もちろん、ドンバスでの紛争が続く中では、あからさまに親露的傾向を持つメドヴェチュークが公然たる影響力を持っていたわけではない。マイダン革命の最中には家族を連れて一時的にスイスへと逃れたとも言われ、この時点で親露派政治家としてのキャリアは一旦終わりを告げている。したがって、革命後のメドヴェチュークはロシアとのパイプを活かして捕虜交換交渉を実現させるなど、「影の仲介役」に徹してきた。

ところがメドヴェチュークは2018年に入ってから政界復帰への意向を示し始め、同年7月には自ら率いる政党「ウクライナの選択」を野党「生活党」と合同させて「野党プラットフォーム－生活党」を成立させた。同党は2019年7月の最高会議選挙で43議席を獲得して野党第一党となり、共同党首の一人であるメドヴェチュークも議員の地位を回復した。

†ゼレンシキーの焦り

政界への復帰を果たしたメドヴェチュークは、プーチンとの直接交渉に苦慮するゼレンシキーを尻目に頻繁にプーチンと面会していた。実際にメドヴェチュークがどのくらいの頻度でプーチンと会っていたのかは明らかでないが、2018年に『インディペンデント』の取材を受けた際にはウインクしながら「年に1回以上」と答えたとされ、おそらくは相当の頻度であったのだろう。

例えば2019年7月の選挙直前、メドヴェチュークはサンクトペテルブルグでプーチンと会談し、「ウクライナとの関係の全面的な回復に向け、あなたの党を含めた全ての政党と協力する」との言葉をかけられていたほか、この少し前には、ロシアの国営天然ガス企業「ガスプロム」のミレル社長と会談して、ウクライナ向け天然ガス価格の大幅引き下げについて話し合っている。

プーチンとの直接交渉に苦慮する中、メドヴェチュークが対露関係の改善で成果を上げることはゼレンシキーにとって面白くない事態だったはずであり、実際、ゼレンシキーはテレビ局に圧力をかけてプーチンとメドヴェチュークの会談の放映を阻止するという挙に及んでいた（ロシア側でのみ放送）。

政界復帰後も、メドヴェチュークはプーチンとのパイプをフルに生かした。目立った事例としては、2020年10月にモスクワを訪れたメドヴェチュークがウクライナに対する制裁（第一次ロシア・ウクライナ戦争勃発後にロシア政府が発動したもの）を解除するようロシアのミシュスチン首相に働きかけ、プーチン大統領もこれを好意的に受け止める発言を行ったことが挙げられよう。この動きは、その直後に予定されていた統一地方選で「野党プラットフォーム―生活党」を後押しするためになされたものだと見られていたが、大統領就任から1年を経て徐々に支持率が低下していたゼレンシキーにしてみれば、これも看過できない動きであったと思われる。

そこでゼレンシキーは、2021年に入ってからメドヴェチュークの弾圧に乗り出した。手始めに、同年2月2日、メドヴェチュークが実質的な所有者である親露派テレビ局3局がロシアのプロパガンダを垂れ流しているとの理由で閉鎖された。さらにゼレンシキー政権は、やはりメドヴェチュークが実質的な所有者であると目されている石油パイプラインの通過料収入が親露派武装勢力に流れているとの容疑で、資産凍結などの制裁措置を取ることを決定。同人を自宅軟禁下に置くとともに、自宅や別荘、「野党プラットフォーム－生活党」の事務所などを家宅捜索した。メドヴェチュークが国家反逆罪で起訴されたのは、その年の5月のことである。

さらにこの間、ゼレンシキー政権は、クリミアやドンバスを奪還するための「脱占領・再統合に関する国家戦略」を初めて策定するとともに、8月24日の独立記念日に合わせて首脳級国際会議「クリミア・プラットフォーム」を開催するという方針を発表していた。

このようにしてみると、2021年春の軍事的危機は、ゼレンシキーが国内で親露派を排除し始めた時期とほぼ重なっている。ロシアの軍事的圧力がメドヴェチューク弾圧に対する政治的報復であった可能性は少なくないだろう。ウクライナのシンクタンク「ペンタ」所長のヴォロディミル・フェセンコが述べるように、ロシアとの直接交渉がもはや望み薄と見てとったゼレンシキーはもはや遠慮なく親露派の弾圧に乗り出し、ロシアはこれに対する報復として「ゼレンシキーの紛争解決はうまくいっていない」ということをウクライナ国民向けにわかりやすい形で示して見せた、という構図である。

第 2 章

開戦前夜

2021年9月～2022年2月21日

ウクライナ情勢が緊迫するなか、演説するロシアのプーチン大統領（ⓒロイター/アフロ）

1 終わり、そして続き

†ロシア軍の再集結

第1章で見たように、2021年春の軍事的危機は、バイデン政権の成立、ナヴァリヌイの帰国とこれに続く国内の不安定化、ゼレンシキー政権との関係悪化といったファクターが重なり合い、相互に響き合う形で増幅された末に起こったように思われる。

事態がここで終わりを告げていたならば、これはマーク・ガレオッティがいう「ヘヴィメタル・ディプロマシー」——すなわち、軍事力の脅しによって欧州を分断し、その魅力を低下させ、慌てさせ、圧倒することを目的とした威圧的外交政策（Galeotti, December, 2016）と位置付けられたであろう。また、このような見立てに立つならば、軍事的緊張を高めるだけ高めておいて部隊をあっさり撤退させることにより、米国からは「デタント」路線を引き出し、ゼレンシキーのメンツを失わせたプーチンの手腕は（ことの是非は措くとして）見事なものであったと言わざるを得ない。

だが、米国防総省は、実際にはロシア軍が撤退していないという見方をとっていた。

2021年9月1日に『ニューヨーク・タイムズ』紙が複数の国防総省高官の話として報じたところによると、ショイグ国防相の撤退命令後にもウクライナ周辺には8万人ほどのロシア軍が展開し続けており、実際に撤退した部隊も重装備をそのまま残置していた。つまり、その気になればロシアは再びかなりの兵力をウクライナ国境周辺に展開させられる状態だったということである（Cooper and Barnes, 2021.9.1.）。

この点については、ロシア側の発言にもある程度の文脈のようなものが見られた。4月にロシア軍の撤退を発表した際、ショイグは、「9月に予定されている西部軍管区大演習「ザーパド（西方）2021」に備えて重装備を残置していく」と明言していたからである。ただ、装備だけでなく大量の兵員が国境付近に残っていることについては、西側はロシアへの不信感を募らせていった。たとえ演習名目であっても、欧州部で1万3000人以上の兵力移動を行う場合にはオブザーバーを受け入れるという2011年版ウィーン文書（VD2011）の義務をロシアは負っている。しかし、ウクライナ国境に居座り続ける兵力について、ロシア側からは明確な説明はなされないままであった。

果たして、「ザーパド2021」が9月16日に終了した後もロシア軍は撤退しなかった。演習終了後もロシア軍はウクライナ国境やベラルーシ領内に展開したままであり、平時の駐屯地に戻る様子を見せなかった。

こうした動きを見てとった米国の情報機関が、ロシアが本気でウクライナ侵攻を考えているという報告をバイデン大統領に対して行ったのは2021年10月のことであった。これは衛星画像、通信傍受、人的情報源、資金の流れ（軍事予算が増加する一方でコロナ対策予算は低く抑えられたままであるなど）の分析を総合した上での結論であり、マーク・ミリー統合参謀本部議長も「複数方向から、同時・大規模の戦略的侵攻を計画している」とロシアの意図を分析していた（Harris, DeYoung and Khurshudyan, 2022. 8. 16.）。これは実際にロシアがウクライナへの侵攻に際して採用したアプローチに近いもので、開戦の4カ月前には、米国はロシアの意図をかなり正確に読んでいたと言えるだろう。

なお、ウクライナ側はこの頃からトルコ製無人機バイラクタルTB・2をドンバス地方に投入し、親露派武装勢力の陣地をいくつか破壊している。これがロシアを刺激して軍事的緊張が高まったという説も見られるが、先に軍事的緊張を高めたのはロシアの側であり、このような主張は本末が転倒していると言わざるを得ない。しかもこの当時、ウクライナが入手できていたバイラクタルTB・2はほんの数機に過ぎなかったと見られており、どう考えてもドンバスにおけるパワーバランスを揺るがすような存在ではなかった。

†高まる緊張

情報機関によるバイデンへの報告から少し後、ロシア軍のウクライナ侵攻に関する懸念は国際社会でも明確に認識されるようになっていった。

2021年10月末、『ワシントン・ポスト』紙は、ロシア軍がウクライナ国境から引いていないらしいと初めて報じた。また、この記事の中で、米海軍分析センター（CNAS）のロシア軍事専門家マイケル・コフマンは「これは訓練ではないようだ」と述べており、この頃から米国の政府や軍は危機の高まりを公にする方針を取り始めていたように見える（Sonne, Dixon and Stern, 2021.10.30.）。

翌11月2日には、ウクライナ国境付近のロシア軍が9万人に達しており、ここには南部軍管区第8諸兵科連合軍、西部軍管区第20諸兵科連合軍が含まれているというウクライナ国防省情報総局（GUR）の見積もりが公表された。さらに11月半ば、GURは、国境付近のロシア軍が9万6300人と10万人に迫りつつあると発表し、英国の軍事情報サービス企業ジェーンズは、中央軍管区第41諸兵科連合軍や西部軍管区第1戦車軍がここに含まれているとのレポートを12月に発表した（*Janes*, December 2021）。

以上で名前が上がった部隊のうち、第8諸兵科連合軍や第20諸兵科連合軍は平時からウクライナの近接地域を駐屯地としているが、第1戦車軍のそれはモスクワ付近、第41諸兵科連合軍はシベリアである。普段は遠く離れた場所にいる大軍がウクライナ周辺へと再び集結し始めたことを以上の諸情報は意味していた。

こうした中の12月2日、米国のブリンケン国務長官は、ストックホルムで開かれた米露外相級会談の後、ロシアがウクライナを侵略すれば「インパクトの大きな」経済制裁に直面するだろうと述べた。

これに先立つ欧州歴訪で、ブリンケンはロシアが侵略に訴えた場合にNATO加盟国が取るべき方策を話し合ったとされているが、その詳細は明らかにされていなかった。したがって、この共同記者会見は、米国がロシアによる侵略の可能性を認識していることを明らかにするだけでなく、その際の対応がまず経済制裁になるだろうという姿勢を示すものであったと言える。一方、ブリンケンの隣に座っていたラヴロフは、ロシアは戦争を望んでいないがNATOの拡大が安全を脅かしているのだと応酬し、米露の姿勢が平行線であることも浮き彫りになった。

†米国の「情報攻勢」とロシアの「外交攻勢」

米露外相級会合が物別れに終わった翌日、『ワシントン・ポスト』は、2022年早々にもロシア軍が17万5000人（100個BTG基幹）の兵力でウクライナに侵攻する可能性があると報じた（Harris and Sonne, 2021.12.3.）。複数の米国政府高官と同紙が入手した内部文書に基づくとされており、この時点で展開していた7万人の兵力（米国の見積りであり、ウクライナは前述のように10万人程度と見ていた）に加えてさらに7〜10万人が追加配備された時点で戦争が始まるだろうというのがその主な内容だった。

ちなみに問題の記事を執筆したハリスとソーネはこれ以前からウクライナ周辺のロシア軍集結問題を追い続けてきた記者であり、バイデン政権は彼らへの情報開示によってロシアを抑止するというアプローチをとっていた可能性が高い。実際、米国は2021年11月に政権内に「タイガーチーム」と呼ばれる省庁横断の枠組みを大統領の直轄下に設置し、起こりうる事態に備えたシナリオ作りや経済制裁プランの検討、さらにはロシアのプロパガンダに対抗するための情報発信などを担当させていたとされる。「ロシアの意図を見抜いている」と実際に示して見せることで、侵略の目論見を挫こうとする、一種の情報攻勢であった（坂口2022年2月16日）。

一方、ロシアは外交攻勢でこれに応じた。

中でも注目されるのは、ロシア軍の再集結が既に取り沙汰されていた11月17日、ラヴロフ外相が、独仏外相に宛てた書簡を突如として公開したことである。この書簡には、ドイツ、フランス、ロシア、ウクライナによる4カ国首脳会談が開催された場合（実際には前述のパリ会合以来、開かれていない）に採択すべき共同声明案が添付されており、ここではウクライナ政府と親露派武装勢力が直接交渉を行うよう呼びかけること、親露派武装勢力との社会・経済的つながりを回復する上での障害を取り除くこと、紛争地域における停戦違反をOSCEが公平かつ客観的に調査するよう求めること、親露派武装勢力の法的地位について合意を成立させることなどが謳われていた（Громова, 2021.11.17.）。

書簡に記されている内容そのものは驚くべきものとは言えないだろう。つまり、第二次ミンスク合意をシュタインマイヤー方式に則って実施せよということであり、従前からのロシアの交渉姿勢を改めて示したに過ぎない。

しかし、ラヴロフの振る舞いは、やはり異例のものではあった。外交文書を先方に断りもなく公表することが外交儀礼に反するというだけでなく、合意案をあらかじめ公表してしまえば交渉上の柔軟性は著しく損なわれてしまうからである。

さらに12月、ロシア外務省は、米国とNATOに向けて送付した文書も公表した。「安全保障に関するアメリカ合衆国とロシア連邦の間の条約」案と、「ロシア連邦と北大西洋条約機構の間の安全保障の確保に関する措置についての協定」案（МИД России, *Agreement on measures to ensure the security of The Russian Federation and member States of the North Atlantic Treaty Organization*）と題されており、NATOをこれ以上拡大させないこと、冷戦後にNATOに加盟した国から部隊＋兵器を撤退させること、ミサイル配備や演習活動に制限を設けるなど、ロシアにとって都合のよい要求が並んでいる。

ただ倉井高志元駐ウクライナ大使が述べるように、米国向け文書は（NATO向けの「協定」よりも拘束力の強い）「条約」であり、しかもNATO不拡大に関する作為義務は「shall」という強い言葉で表現されている（NATO向けは「commit」）など、ロシアが特に意識していたのは米国の欧州に対する防衛コミットメントを制限することであったようだ（倉井2022）。

とはいえ、条約案を公表してしまっては交渉にならない、という点はラヴロフの独仏向け書簡と同様である。NATO向け協定案にはご丁寧にも協定締結の日付を書き込む欄まで設けられているが、その欄が具体的な数字で埋められる日が来ると外交のプロであるロシア外務省が考えていたとは思われない。

実際、米国とNATOは問題の条約案の大部分について、特にNATO不拡大をロシアとの間で約束することは受け入れられないという内容の返答を行ったとされる。その返答書簡の全文は後にスペインの新聞にリークされたが、これを見る限り、米国とNATOはミサイルの配備制限などに関しては話し合いの余地ありとする一方、NATOの不拡大を約束しない、いわゆる「オープンドア」政策については一切の妥協を拒否していた（Aza and González, 2022. 2. 2.）。

したがって、これは「米・NATOにロシアの要求の最大値を示したもの」（倉井2022）であって、要は旧ソ連がロシアの勢力圏だと認めるよう（主に米国に）迫るものであったのだろうが、この点に関する西側からの反応はほぼ「ゼロ回答」であった。

2　プーチンの野望

†グラデーション状の勢力圏

このように考えていった場合、次に問題となるのは、「旧ソ連をロシアの勢力圏だと認める」とは具体的に何を意味するのかである。一口に勢力圏と言っても、かつてのロシア帝国やソ連のようにユーラシア諸国を直接支配することから、ロシアの意向に逆らえない状態にしておくこと（間接支配）、さらにはある領域に外国の軍事プレゼンスを展開させないといったより弱い影響力の行使に至るまで、多様な段階が考えられる（小泉2019）。

例えば2011年にプーチンが提唱したユーラシア経済同盟案は、旧ソ連にロシア中心の社会・経済的つながりを構築し、最終的にはユーラシア連合として統合するという「旧ソ連版EU」のような構想であって、帝国的な直接支配ではなかった（Путин, 2011.11.3.）。

これと並行して、軍事同盟（集団安全保障条約機構）や武器輸出を通じた軍事的協力関係を作ること、選挙に干渉して親露的な指導者を就任させること、諜報や情報戦を駆使して旧ソ連諸国の人々の認識をロシア有利に導くことなどが、21世紀型の勢力圏の形だったと言えるだろう。

ただ、ウクライナはそう易々とロシアの勢力圏を受け入れなかった。たしかにウクライナは、ロシアとの協力関係を拒否したわけではないし、人々の往来や経済的関係、メディアやインターネット空間でのつながりも非常に密であった。また、クリミア半島にはロシア海軍黒海艦隊の基地が置かれ、ロシアから欧州へ至る石油・ガス・パイプラインの通過料収入という巨大利権の恩恵にもウクライナはあずかっていた。

同時に、ウクライナはユーラシア経済同盟にも集団安全保障条約機構にも加盟することはなく、EUとの間ではヒト・モノ・カネの行き来を容易にする「高度かつ包括的な自由貿易圏（DCFTA）」協定を結ぼうとしたし、2014年のマイダン革命後はNATOやEUへの加盟も公然と掲げるようになった。

第一次ロシア・ウクライナ戦争をプーチンが発動したのは、こうした状況下においてである。ただ、この戦争はあくまでもクリミアの強制併合とドンバスにおける限定・低烈度紛争の惹起《じゃつき》という限定的なものであり、ロシアがウクライナを直接支配しようとしていたわけではない。むしろ、ウクライナを紛争国家化することで西側への接近を困難にさせ（例えばNATOがウクライナを加盟させた場合、北大西洋条約第5条に定められた集団防衛条項が発動してロシアとの全面戦争になってしまう）、さらには領域の占領を以てウクライナへの影響力行使の梃子《てこ》とするというのが、2014年以降のウクライナに対するロシアの基本戦略であった。したがって、2021年春の軍事的危機もまた、バイデン－ゼレンシキー両政権にこれを認めさせることを意図したものである、と解釈する余地が当時はあった。

†「ロシア人とウクライナ人の歴史的一体性について」

だが、2021年秋以降に再燃した軍事的危機は最終的に戦争へと至り、しかもそれはウクライナの首都と広範な領域を占領しようとするものであった。となると、これは2014年以降にロシアが採用してきた対ウクライナ戦略の文脈では説明しきれない。ロシアがウクライナを併合してしまおうとしていたかどうかは別として、従来よりも遥かに直接的で、しかも強い影響下に置こうとしていたことはおそらくたしかだからである。

この点に関しては、2021年7月12日に公表されたプーチンの論文（Путин, 2021. 7. 12.）が注目されることが多い。約8000ワードにも及ぶこの長大な論文は、「ロシア人とウクライナ人の歴史的一体性について」というタイトルのとおり、大部分が歴史観について述べられている。その主張の中核もやはりタイトルそのままで、ロシア人とウクライナ人（そしてベラルーシ人）は9世紀に興った古代ルーシの継承民族なのであって、そもそも分かちがたいものである、とプーチンは述べる。

ロシア、ウクライナ、ベラルーシが民族的・言語的に多くの共通性を持ち、多くの歴史を共有してきたことは客観的事実として否定はできないだろう。ウクライナやベラルーシの少なからぬ人々はロシア語を母語とし、ウクライナ語やベラルーシ語はまるでわからない（あるいは母語ではない）というケースさえめずらしくない。ゼレンシキー大統領自身もその一人であり、大統領に就任するまではほとんどウクライナ語が喋れなかったほどだ。ということは、彼はウクライナ語が喋れなくてもウクライナでコメディアン・ドラマ俳優として成功できたのであり、この一事のみをとっても、ロシアとウクライナを全く別のものとして扱うのがいかに難しいかがわかる。

また、この論文の中で、プーチンは次のようにも主張している。

いわく、「ウクライナ」という言葉は12世紀にルーシの「辺境」を指して使われるようになったものであり、「ウクライナ人」とは「その辺境を守る防人」を意味する言葉であった。

いわく、ウクライナ語の書き言葉は17世紀の初めまで当時のロシア語と全く同じであり、話し言葉は少々違ったが、そう大きく異なった言語ではなかった。ウクライナ語がロシア語から分化したのは近代になってウクライナの国民的作家たちが活躍するようになって以降のことであり、しかも彼らとて散文はロシア語で書いていた。

いわく、19世紀のロシア帝国はウクライナ語を制限したが、これはポーランド人の影響を退けるためのやむを得ない措置であって、帝国内部では「大ロシア」の枠組みでルーシ諸民族の文化は順調に発展した。

だが、この頃からポーランドの影響で、ウクライナ人はロシア人と別の民族だという「歴史的根拠のない、フィクションに基づいた結論」が出されたとプーチンは述べる。

プーチンの主張は、ロシアにおいてそう珍しいものではない。「ウクライナなどという民族はない」、「ウクライナ語はポーランド訛りのロシア語に過ぎない」といった言説はロシアの民族主義的言説においてはまま見られるものであり、筆者自身、ロシア人がそのように口にする場面に幾度も接してきた。

しかし、問題としたいのは、このような主張がなされた状況そのものである。いかにもロシア人中心主義的な歴史観を、国家の長であるプーチンが論文として公表する、しかも大統領府の公式サイトに署名入りで掲載するというのは、ナショナリズムを満足させるための内輪のお喋りとはわけが違う。論文の執筆者であるプーチンは、そのわずか数カ月前にウクライナ周辺に軍隊を大挙して集結させ、軍事的恫喝《どうかつ》を行った張本人であったからなおさらであろう。これは一体どういうことなのか――当時の筆者を悩ませたのは、この点であった。

†歴史、主権、「パートナーシップ」

ちなみに、プーチン論文はこれで終わりではない。少し中身を飛ばして、20世紀の歴史に関するプーチンの主張を見てみよう。

1917年のロシア革命を経て1922年にソ連が成立すると、共産主義政権は民族別共和国制度を導入し、ウクライナやベラルーシをロシアと対等のソ連構成共和国として位置付けた。

だが、プーチンによると、この制度は大間違いであった。ベラルーシやウクライナがロシアとは別の存在であるとされたことにより、その地に暮らす人々はウクライナ化やベラルーシ化を強要され、ロシアを含めたルーシの「三位一体」が破壊されたからであり、それゆえに現在のウクライナは「ソ連の発明品」に過ぎないというのである。しかも、ソ連は各共和国に離脱の自由を認めていたため、1990年代に共産主義政権の統治が揺らぐと、これが「主権のパレード」に、つまり、ソ連構成共和国が主権宣言を行うという事態へと繋がっていった。

このようにしてみると、プーチンは、ウクライナの独立という事態を一種の「政治的手違い」と見ているようである。同人によれば、そもそもウクライナを民族共和国化したこと自体がレーニンの「時限爆弾」なのであり、それはウクライナとロシア（そしてベラルーシ）の人々が「歴史的な故郷から全く切り離されてしまう」という事態をもたらした――こうした言説はロシア人の耳には快いかもしれないが、ウクライナ人の民族主義者が聞けば激怒するに違いなく、やはり一国の首脳が公にする文章であるとは到底思われない。

ただ、ロシアは現在のウクライナを独立国として認めていないわけではない、ともプーチンは述べている。その上でロシアはウクライナに膨大な量の天然ガスを割引価格で販売し、何百もの共同経済プロジェクトを実施し、「EUが羨むような」相互補完的で深い関係を築いてきた、という。

にもかかわらず、ウクライナが貧しいのはなぜか？　このように問いかけるあたりから、プーチンの議論は現在の領域へと足を踏み入れる。プーチンの回答は長くて回りくどいが、要約すれば、マイダン革命以降のウクライナ政府と西側が悪い、ということになろう。

西側に支援されたクーデターで政権を握った過激主義者とネオナチ（とプーチンが位置付けるウクライナ政府）は歴史を改竄《かいざん》してロシアとのつながりを断ち切ろうとし、富を西側へと横流しし、ロシアとの経済協力を縮小させようとしてきた。また、彼らはロシアへの嫌悪を煽り、ウクライナ国内のロシア系住民を弾圧し、強制的にウクライナに同化させようとしているというのである。

さらにプーチンによれば、ウクライナには外国の軍事顧問団が派遣され、事実上、NATOの前哨拠点となっている。そして、ロシアはこうした状況（プーチンは「兄弟殺し」と呼ぶ）を解決すべく、ウクライナに第二次ミンスク合意を履行させ、親露派武装勢力との合意によって平和と領土の統一を回復するチャンスを与えようとしたが、ウクライナと西側はその全てを裏切った。ゼレンシキーもまた、平和を約束して大統領に就任したが、全ては嘘だった。ウクライナをロシアと対立させ続けることが西側の基本路線なのであって、幾度政権が変わってもウクライナが西側の影響下にある限りはそれだけは変わらないのだ——。

以上のように西側とウクライナを激しく非難した上でのプーチンの結論は、「ウクライナの真の主権は、ロシアとのパートナーシップによってのみ可能となる」というものだった。すなわち、「我々の精神的、人間的、文明的繋がりは何世紀にもわたって形成され、共通の源に遡り、体験、成果、勝利を分かち合ってきた」のであって、「つまるところは我々は一つの民族なのだ」とプーチンは言う。「パートナーシップ」の意味するところは明確にされていないが、ウクライナのアイデンティティを美しい言葉の下に否定していると受け取られても仕方あるまい。

実際、プーチンは、自分の述べるような言説が「現在では敵意を以て受け止められている」と認めている。ただ、同人がこの論文を次のように結んでいることは興味深い。「ロシアが反ウクライナであったことは一度もないし、これからもそうはならない。ウクライナがどうするかは、その国民が決めるべきことだ」。

†プーチン論文をどう読むか

この時点でプーチンが開戦を決意していたのかどうかは明らかでなく、現在のロシアの政治体制が続く限りはそう簡単に明らかになることもないだろう。また、挑発的な内容であることはたしかだとしても、ロシアがウクライナに攻め込むと予告するような内容であるわけでもない。論文の末尾でプーチン自身が述べているように、同人の主張は「どのようにでも読むことができる」。

筆者自身も、この論文を一読した後、判断には非常に迷った。前述のように、論文公表の1カ月前になされた米露首脳会談は一種の「デタント」路線を意味するものであって、ロシアはしばらくの間、平和共存路線を続けるのではないかとの予断があったからである。

筆者が毎週配信しているメールマガジンのバックナンバーを読み返してみても、「ザーパド2021」演習が終わる頃までは、こうした見方を維持していたことがわかる。

前述したロシア軍の再集結が10月以降に明らかになっていくと、さすがにこうした楽観的な観測は萎んでいったが、これはもう一つの楽観論へと転化していった。ロシアは軍事的圧力をかけるか、あるいは限定的な軍事侵攻を行ってウクライナに第二次ミンスク合意の履行を呑ませるとか、ロシアにとってさらに有利な「第三次ミンスク合意」的なものを強要するのではないかという見立てがそれである。

軍事的緊張が再燃する中、10月の有識者会議「ヴァルダイ」でプーチンが行った参加者との質疑応答もその傍証となるように思われた。ここでプーチンが述べたのは、ウクライナがNATOに加盟することは当面ないかもしれないが、将来にわたってもその保証はないし、訓練基地の名目で西側のミサイルが配備されることだってあるかもしれないではないか、ということである。当時の筆者は、これが「Ukraine in NATO（ウクライナのNATO加盟）」の阻止から、「NATO in Ukraine（ウクライナにおけるNATOのプレゼンス）」の撤回にプーチンの要求が移ったことを意味しているのではないかと考えた。

とするならば、ロシアが限定侵攻によってウクライナに呑ませようとしている要求とは、中立化のようなものであるのかもしれない——結論から言えば、この見立ては半分当たり、半分外れた。第3章で見るように、開戦後にロシアがウクライナに突きつけた要求の中にはたしかに中立化が含まれていた。問題は、ロシアの攻撃は限定侵攻に留まらず、それによって達成しようとしていた目的は、ゼレンシキー政権の退陣や非武装化にまで及んでいたことである。プーチンがいつ、ウクライナ侵攻の決意を固めたのかは明らかでないが、前述した2021年秋以降の展開を見れば、この時点で侵攻は既定路線になっていた可能性が高い。

3　整った侵攻準備

†公開情報が暴くロシア軍の動き

2022年に入っても、ウクライナ国境のロシア軍が撤退する様子は見られなかった。それどころか、報じられるロシア軍の規模はますます増加し、2月初めには83個BTGに達したという米当局者の見積もりが伝えられていた。しかも、この時点ではさらに17個BTGがウクライナへ向けて移動中とされていたから、12月3日の『ワシントン・ポスト』の記事で言われた100個BTGの侵攻兵力が近くほぼ出揃うということさえ予想された。

果たして2週間後には、この数字が105個BTGへと増加したという見積りを米戦略・国際研究センター（CSIS）が衛星画像分析の結果として明らかにした。ほぼ同時期にバイデン大統領が述べたところによると、この時点でウクライナ周辺に集結したロシア軍の兵力はおよそ15万人とされ、治安部隊や親露派武装勢力も合わせると16万9000人から19万人程度であったというから、2カ月前の予測が正しければ、ロシア軍は既に侵攻準備を完了した可能性は非常に高かった。

ロシアが本気だと考えるべき証拠は他にもあった。CSISに限らず、今回の戦争に先立っては多くの研究機関やメディアが衛星画像を駆使してロシア軍の集結状況を暴き出していた。かくいう筆者の研究室も2021年からMaxar社の衛星画像サービスと契約を結んでおり、天気さえ良ければロシア軍の駐屯地や飛行場をかなりの高分解能で実際に観察することができるようになっていた。これらの衛星画像は、ウクライナ周辺の駐屯地に大量のテントが張られ、兵舎に収容しきれない兵士が集結していること、輸送機の基地や普段は使用されていない予備飛行場にも多数の戦闘機や戦闘爆撃機が展開していることを示していた（図1）。

衛星画像からは、ロシア軍の集結地点に十字型の大型エアテントが多数設置されていることも確認できた。このタイプのテントは、ロシアの武器展示会で筆者自身も幾度も目に

図1　衛星写真が捉えた、ウクライナ国境付近に集結するロシア軍（©Maxar/Getty）

したことがある。野戦病院だ。通常の演習でも野戦病院は設置されるが（当然、訓練中に怪我をする兵士は出る）、この時に確認された十字型テントの数は非常に多く、多数の死傷者が出る事態——つまり実戦を意識している可能性が強く疑われた。ロシア軍が緊急輸血体制を強化しているという米当局者の談話が1月末に報じられていたこと、「戦時及び平時における遺体の緊急埋葬手順」という不気味な名前の国家規格が新たに定められ、その発効が2022年2月とされていたこともこの観測の裏付けとなった。

シベリア鉄道の沿線やウクライナ国境付近の都市住民がTikTokに投稿した映像も貴重な情報源となった。これらの映像は世界中の専門家や軍事オタクたちによって目ざとく見つけ出され、「Twitter上では、「このタイプの戦車がいるということは極東のこの旅団が動いているはず」といった議論が盛り上がった。

その結果、判明したのは、東部軍管区や中央軍管区といった部隊も大挙してウクライナ周辺に展開しているということであった（Conflict Intelligence Team, 2022.1.12.）。いくらかは悪戯《いたずら》やフェイクも混じっていたはずであるし、分析者たちも必ずしもプロフェッショナルばかりではなかったが、のちの展開は、当時の分析が概ね当たっていたことを示している。ロシア軍はまさに全土から動かせるだけの地上兵力をウクライナ周辺へとかき集めていた。

米国政府の情報開示、民間でも契約可能な安価な衛星画像サービスの登場、SNS上の集合知などがロシア軍の動きを事前に丸裸にしたという意味で、今回の戦争は実に現代的なものであったと言えるだろう。長らくロシアの軍事動向を追い続けてきた筆者としても、これは新しい展開であった。

†ベラルーシが前線基地に

新しいという意味では、集結するロシア軍のかなりの割合がベラルーシを前方展開拠点としたことも目新しかった。旧ソ連構成国であったベラルーシはウクライナから見て北側に位置する国であり、ロシアとは1999年の連合国家創設条約によって「同盟以上、連邦未満」とでも呼ぶべき密接な関係にある。また、ベラルーシはロシアとの二国間防衛協定及び集団安全保障条約機構を通じて軍事同盟関係にあり、演習などでロシア軍が展開してくることはそう珍しくはない。

実際、この時のロシア軍展開もベラルーシとの合同演習「同盟の決意2022」のため、ということになっていたのだが、この「演習」にはおかしな点があった。ベラルーシでロシア軍が演習を行う場合には隣接するロシア軍西部軍管区の部隊が展開してくるのが普通だが、この時集まってきたのは東部軍管区の諸部隊だったからである。

しかも、その中心となったのは東部軍管区の主力部隊である第29、第35、第36諸兵科連合軍であり、北方領土の第18機関銃砲兵師団を隷下に置く第68軍団や、太平洋艦隊の第155海軍歩兵旅団さえ含まれていた。NATOのストルテンベルグ事務総長が2月初頭に述べたところでは、その規模は戦闘部隊だけで3万人にも上っていたというが（*Reuters*. 2022. 2. 3.）、これだけの東部軍管区部隊が1万km も離れたベラルーシに展開してくることは過去の演習では一度も観察されたことがなかった。さらにこの際には、東部軍管区司令官のアレクサンドル・チャイコ大将までベラルーシ入りしていたから、同軍管区が丸ごとベラルーシに引っ越してきたような感さえあった。

過去のベラルーシの姿勢と照らすと、事態の奇妙さはさらに増す。それまでのベラルーシは、ロシアの同盟国でありながら、ロシア軍の戦闘部隊が自国領に配備されることを断固拒否してきた。そのため、従来のベラルーシには、弾道ミサイル警戒レーダー基地と潜水艦通信用の超長波（ＶＬＦ）通信タワー各１カ所が設置されていたに過ぎない。ロシアは２０１０年代に入ってからベラルーシに自国の戦闘機基地を設置したいと何度か要請してきたようだが、ベラルーシのルカシェンコ大統領はこれも繰り返し拒否してきた。

こうしたベラルーシの姿勢は、自国が前線国家化されることへの恐れと解釈できるだろう。もしもロシアがＮＡＴＯとの軍事紛争に陥った場合、地理的に見て戦場になるのがベラルーシであることは明らかであり、自国領内で核兵器が使用される可能性さえ排除できないからである。それゆえにベラルーシはロシアとの軍事同盟を結びつつ、憲法第18条に「ベラルーシ共和国はその領土を非核地帯とし、国家は中立でいることを目指す」という曖昧な文言を盛り込んでもきた。

さらに興味深いのは、２０１８年にロシアとベラルーシの「連合国家共通軍事ドクトリン」が改訂された際、両国の大統領がこれを承認したにもかかわらず、最高意思決定機関である連合国家最高会議が承認しなかったことである。

連合国家最高会議は両国の大統領を（ということはプーチンとルカシェンコを）含む両国首脳の全会一致で意思決定を行うことになっていたから、同じ人物が同じ文書を承認したりしなかったり、という奇妙な事態が起きたことになる。結局、2018年版「連合国家共通軍事ドクトリン」は公表されないまま宙に浮いた形になったため、そこに何が書かれていたのかは明らかでない。ただ、ベラルーシにとって受け入れ難いようなロシアとの軍事的統合が——つまり、有事には自動的にロシアの戦争に巻き込まれるような条項（有事にベラルーシ軍がロシア軍の指揮下に入るなど）が含まれていた可能性は否定できないだろう。

†非核と中立も放棄

このようにしてみると、2021年から2022年初頭にかけてベラルーシに大量のロシア軍が展開し、のちにウクライナ攻撃の拠点となったことは、従来のベラルーシの姿勢からかなりかけ離れた事態であった。その背景ははっきりしないものの、2020年8月の大統領選をめぐってルカシェンコの再選（この時点で実に6選であった）に反対する国民の抗議行動が盛り上がり、ロシアによる介入の脅しでどうにか沈静化できた、という経緯が影響していた可能性は大いにある。いわばプーチンはルカシェンコの生殺与奪権を握ったのであって、ベラルーシを攻撃拠点化することをもはや断れなくなった、という想像が成り立とう。

実際、ロシア軍の展開と並行して、ベラルーシの軍事政策は重大な転機を迎えていた。

ウクライナ国境へのロシア軍集結が国際的な注目を集め始めていた2021年11月、新たな「連合国家共通軍事ドクトリン」が採択され、今度は連合国家最高会議でも正式に承認されたのである。その内容がなかなか公表されなかったこともあって、当初、メディアでは様々な臆測が乱れ飛んだ。新たな「連合国家共通軍事ドクトリン」では核兵器を単に抑止の手段として位置付けるだけでなく、どのような条件で核兵器を使用するかを具体化することによって核兵器を使用して侵略に対抗するという方針を打ち出すというウラジミール・ムーヒンの観測はその一例である（Мухин, 2021.11.7.）。

ただ、これは2000年代以降の「ロシア連邦軍事ドクトリン」などで公式に宣言されてきたものであったから、仮にそのような内容が盛り込まれていたとしてもそれほど驚くべきことではない。ソ連崩壊後、弱体化したロシア軍の通常戦力ではNATOとの大規模戦争に対抗できないということはほぼ規定事実であり、それゆえにロシアでは積極核使用や核の脅しによってNATOの参戦を思いとどまらせたり、停戦を強要する方法についての議論が重ねられてきた（詳しくは第4章で述べる）。

ところが、2022年2月になってから公表された「連合国家共通軍事ドクトリン」の内容は別の意味で驚きであった。というのも、そこに記載されていた核兵器についての言及は「ロシア連邦の核兵器は、核軍事紛争及び通常攻撃手段を用いた軍事紛争の勃発を阻止するための重要なファクターに留まる」という一言だけであり、従来のバージョンにあった核使用基準に関する簡単な文言（「核兵器及びその他の大量破壊兵器の使用、連合国家加盟国の安全保障にとって危機的な通常兵器による大規模侵略に対してはロシア連邦の核兵器の使用の可能性を考慮する」）さえ削除されていたからである。

この点について、サラトフ国立研究大学のエフゲニー・コレネフは、有事における核使用の柔軟性を最大限確保する（つまり明確な核使用基準は示さない）ための措置であったという解釈を示している（Коренев, 2022. 2. 17.）。

ただ、核兵器の使用主体であるロシア側が「ロシア連邦軍事ドクトリン」及び「核抑止の分野におけるロシア連邦の国家政策の基礎」という公的文書でより具体的な核使用基準を示している以上、連合国家側のドクトリンだけを曖昧化することでそのような効果が本当に得られるのか、という疑問は残る。このほか、改訂された「連合国家共通軍事ドクトリン」にはロシアとの軍事的関係深化を顕著に予期させるような文言は特段見当たらず、改訂問題がなぜこうも長引いたのか、改訂後の公表が3カ月近くも遅れた理由は何なのかは今ひとつよくわからずじまいであった。

他方、ベラルーシが核兵器に関する立場を大きく変えたことは間違いないようだ。「連合国家共通軍事ドクトリン」が公表された直後の2月27日（ということは第二次ロシア・ウクライナ戦争開戦後)、ベラルーシでは憲法改正が成立し、前述した憲法第18条から非核化と中立に関する文言が削除されたからである。これは、ベラルーシへの核兵器配備が、少なくとも法的には可能となることを意味していた。

4 プーチンのジェットコースター

†迷う二人の筆者

ややフライング気味に開戦後にまで話が及んでしまったが、ここで時間軸を2022年初頭へと巻き戻してみたい。

ロシア軍の侵攻準備がほぼ完了していたとの見立てを、この時点で筆者が持っていたことは既に述べた。また、2022年1月にはロシアの外交当局が米国、NATO、OSCEと立て続けに会合を持ち、前月にロシア外務省が提案した条約・協定案についての話し合いが行われたが、これらはいずれも決裂している。米国もNATOも、旧ソ連へのNATO不拡大を約束することを明確に拒否し、それよりもロシア軍がウクライナ国境から撤退するのが先だと迫ったのである。

しかもこの少し後、筆者は気掛かりな話を聞いていた。東京に駐在するあるNATO加盟国の外交官から「ちょっとお茶でも」と誘われた際のことだ。本省にいる彼の同僚によれば、NATO側がロシアの提案を拒絶した後、ロシア側代表団はそれ以上議論しようとしなかった、というのである。最初から条約案を公開して交渉に臨むというやり方が外交上、まずあり得ないという倉井の指摘を改めて持ち出すまでもなく、ロシアはやはり本気で交渉するつもりなどないのではないか、という疑念が当然のように浮かんだ。

決定的だったのは、バイデン大統領がロシアの侵攻が2月16日になるとの見立てを同盟国に通知し、米国民に対しては24時間から48時間の間にウクライナを離れるよう呼びかけたことである。実際、この発言があった翌日には在ウクライナ米国大使館から大部分の職員や米軍の軍事顧問団が退避を開始し、日本を含めた多くの国々がこれに続いた。

しかも、ここには、ロシアの在ウクライナ大使館までが含まれていた。ロシア外務省はのちに、これが「ウクライナや第三国による挑発」を懸念した措置であり、在ウクライナ公館はいずれもフルタイムで稼働していると発表したが、ここに至り、開戦は可能性の領域から時間の問題へと移ったように思われた。

ただ、そのように確信していたのは、筆者の中の「軍事屋」の部分であった。もう一人の筆者——「ロシア屋」としての部分は、未だに迷っていた。端的に言えば、プーチンが何をしたいのかが未だにつかめずにいた、ということになろう。

前述の論文「ロシア人とウクライナ人の歴史的一体性について」を読めば、プーチンがウクライナに対する民族主義的野望を隠さなくなっていたことは明らかである。また、プーチン論文の発表から3カ月後には、腹心のメドヴェージェフ国家安全保障会議副議長(元大統領)が『コメルサント』紙上で同じような主張を、ただしずっと汚い言葉で行っていた(Медведев, 2021. 10. 11.)。

ゼレンシキーはロシア語を母語としながらウクライナ民族主義者に寝返った裏切り者であり、しかもそれはかつてユダヤ人の知識人がナチスに協力したようなものだというのだから、ユダヤ人家庭に生まれたゼレンシキーに対する強烈な侮辱というべきだろう(ちなみにメドヴェージェフもユダヤ系だと言われているのだが)。

さらにメドヴェージェフは、ウクライナの政治指導部は西側の手先であり、腐敗し、全く無能な連中だと罵倒した上、彼らが権力を握っている限り交渉は無意味だとまでこき下ろした。ちなみにこの論文は、「ロシアは待つことを知っている。我々は忍耐強い」と結ばれているが、これは逆に時間切れが迫っている、とウクライナ側を脅すようでもあった(実際、その通りだった)。

だが、プーチンやメドヴェージェフの主張はどうにも抽象的である。ロシア人とウクライナ人が一体の民族だという彼らの言い分を受け入れるとして、ではどうすればよいというのか。ゼレンシキー政権が退陣すればよいのか。その後にどんな政権ができればロシアは満足するのか。その時、いかなる関係性を押し付けようとしているのか。

単に可能性の問題と捉えれば、その幅は相当に広い。最も過激なシナリオは、本当に戦争に訴えてウクライナを征服し、ロシアに併合してしまうというものであろう。それに次ぐ「過激シナリオ」としては、ゼレンシキー政権を崩壊させ、傀儡《かいらい》政権を樹立して事実上の保護国にするということも考えられる。限定攻撃によって東部のドンバス地方を占領し、ロシアに併合するとか、独立させてしまうという可能性もあった。

そうではあるのだが、そのメリットがどうにも見当たらない。12月にブリンケンが予告したとおり、ロシアがそんな行動に出れば西側は激しい経済制裁で応じるだろうし、そうなればただでさえ停滞気味のロシア経済は壊滅的な打撃を受けるだろう。それでロシアが得るものは？　プーチンや右派のナショナリズムが満足するだけではないか。

そこで筆者の中の「ロシア屋」部分が落ち着いたのは、前年秋と同様の結論であった。つまり、ロシアの目的はウクライナと西側の接近をやめさせることであり、その手段として軍事的圧力をかけて第二次ミンスク合意の履行ないし「第三次ミンスク合意」のようなものをゼレンシキーに呑ませ、ウクライナをロシアに逆らえない状態にしようとしているのだろう――。今にして思えば希望的観測に引きずられ過ぎていたのではあるが、具体的なメリットもなしにプーチンが戦争を（それも非常に大規模な戦争を）始めようとしているとは、当時の筆者にはどうにも信じられなかった。

✝プーチンの「ハラショー」

開戦に先立つ10日ほど前には、この見立てが当たっているかのように見えた時期もあった。

バイデンがロシアの侵攻時期を「2月16日」と明言した直後の2月14日、プーチンはクレムリンでラヴロフ外務大臣及びショイグ国防相と会談している。大統領が閣僚と会談するのは決して珍しいことではないが、この時は事前に大統領府がアナウンスを行い、その模様をテレビ中継するという気合の入れようであったから、何か重大な決定がなされるのだろうということは想像がついた。果たして、それはたしかに人目を引く会談となった。

まず、ラヴロフとの会談について見ていこう。この際、ラヴロフは「（NATO不拡大などに関する）ロシアの提案に対し、西側がよこしてきた返答は全く不満足である」、「いつまでも無限に話し合いを続けるつもりはない」としつつ、「軍備管理などに関しては米から見るべき提案があった」、「チャンスはまだ尽きておらず、今は対話を続けるべきだ」なと発言。これに対してプーチン大統領は「ハラショー（いいだろう）」と返答した。素直に受け取るならば、当面は戦争に訴えることなく交渉を継続せよということになる。

続いてカメラの前に登場したショイグは、「新設定」を持ち出した。ウクライナ周辺にロシア軍が集結しているのは前年12月から計画されていた演習なのであって、その「一部は既に終了しつつあり、また別の一部は近いうちに終了する」というのである。また、ショイグは、この演習の一環として活動中の太平洋艦隊に米国の潜水艦が接近したとも主張したが、とにかく演習は終了しつつあると改めて述べた。プーチンの返答はまたも「ハラショー」であり、翌15日にはロシア国防省のコナシェンコフ報道官が「部隊の撤退が始まった」と発表した。

さらにコナシェンコフの発表と同じ15日には、就任したばかりのショルツ独首相がモスクワを訪問し、プーチンと会談している。ショルツはこの直前にキーウでゼレンシキーと会談し、「第二次ミンスク合意の履行に必要な憲法改正などの立法措置を三者コンタクトグループ（TCG）で話し合う」という言質《げんち》を取ってきていた。

TCGというのは第一次ロシア・ウクライナ戦争中の2014年6月に設置されたOSCE、ロシア、ウクライナによる対話枠組みであり、第一次及び第二次のミンスク合意を話し合うにあたっての主要なプラットフォームとしての役割を果たした。とするならば、ゼレンシキーがショルツに約束した内容は、第二次ミンスク合意を履行せよというロシア側の要求にかなりの程度まで歩み寄るものであったと解釈されよう。

当然、この件はプーチンにも伝達されており、会談後の共同記者会見でもショルツはこれが危機の解決につながるだろうとの期待を強く滲ませた。さらにショルツのキーウ訪問前に英『ガーディアン』が報じたところによると、ショルツ政権内では、ウクライナがNATOに今後10年以内には加盟しないことを約束する代わりにロシアは侵攻を手控えるとの取引が検討されたともいうが(*The Guardian*, 2022.2.14.)、このプランが実際に独宇間で話し合われたのか、そうであるとしてプーチンにも持ち出されたのかは明らかでない。

最後に、15日にはもう一つの重要な展開があった。ロシア下院が、ウクライナの親露派武装勢力(「ドネツク人民共和国」及び「ルガンスク人民共和国」を自称している)を独立承認するようプーチンに要請するとの決議を可決したことがそれである。ここまで度々話題になってきた第二次ミンスク合意によれば、両地域は停戦後、ウクライナの一領域として再統合されねばならないことになっていたから、これにまでプーチンが「ハラショー」と答えれば、紛争解決の道は閉ざされてしまうし、戦争の危険は依然去らないということになるだろう。

だが、プーチンは「議員の皆さんは人民の気持ちがよくわかっている」と主旨には賛同して見せつつ、「問題解決はミンスク・プロセスに基づいて行われるべきだ」として決議を一旦預かる形を取った。

†「虐殺」発言と膨れあがるロシア軍

ラヴロフの交渉継続路線に対する賛意、ロシア軍の撤退、ゼレンシキーがショルツに約束したという第二次ミンスク合意履行への動き、親露派武装勢力の国家承認に関する保留——これはまさに、軍事的圧力で政治的合意を強要するのではないかという筆者の読みを裏付けるものであるようにこの時には思われた。

また、この時期、プーチンはフランスのマクロン大統領と頻繁に電話会談を行っている。時に7時間にも及んだという会話の内容はほとんど平行線だったようだが、一応、対話は継続されているように見えたし、20日には、マクロンの仲介で米露首脳が近く直接会談を行うとの合意が成立したことがフランス大統領府から発表されていた（Elysée, 2022. 2. 20.）。

ただ、のちの目でショルツとの共同記者会見を見直してみると、プーチンはNATOとウクライナを慎重に区別しながら話していたことがわかる。プーチンはドイツとの経済関係の重要性を強調し、NATOとの間では「話し合いの準備がある」と述べる一方で、ウクライナに関してはゼレンシキー政権が紛争解決のための合意を履行しようとしていないという従前の主張を繰り返すばかりだった。さらにプーチンは、その後のマスコミとの質疑応答も含め、直前にショルツが取り付けてきたゼレンシキーとの合意――「第二次ミンスク合意の履行に必要な憲法改正などの立法措置をTCGで話し合う」――に一切触れていない。

共同記者会見ではこんな一幕もあった。ドイツ紙『ドイッチェ・ヴェーレ』の記者から「戦争を始めるつもりなのか？」と単刀直入に切り出された時のことである。プーチンは、「NATOはユーゴスラヴィアで戦争を始めたではないか」と西側批判でこれを切り返そうとした。これに対して記者が、「ユーゴスラヴィアでは虐殺の危険があったから介入したのだ」と食い下がると、プーチンは「今ドンバスで起きているのは虐殺だと我々は見ている」と答えた。

「虐殺」という言葉はショルツとの会談でも使われており（この時、ショルツは少しギョッとしたようであった）、プーチンは「ネオナチ」であるゼレンシキー政権が単にロシア系住民を迫害しているだけでなく「虐殺」に及んでいるというストーリーを開戦直前には打ち出していたことになる。

したがって、プーチンがラヴロフとショイグに対して発した「ハラショー」は西側に対するものであって、ウクライナに対しては強硬姿勢を崩していないと解釈されるべきであったろう。

また、ショイグやコナシェンコフの発言とは裏腹に、ロシア軍の撤退も実際には一向に進んでいなかった。『ウォール・ストリート・ジャーナル』によれば、ショルツとプーチンの会談から3日後の2月18日時点で、ウクライナ国境周辺のロシア軍は125個BTGと12月時点の予想を超える規模にまで膨れ上がっており、バイデン大統領も「プーチン大統領がウクライナに侵攻することを決断したと確信している」と厳しい姿勢を崩していなかった（Lubold, Gordon and Trofimov, 2022.2.18.）。

しかもバイデンは、ロシアの侵攻がジェット戦闘機、戦車、弾道ミサイル、サイバー攻撃を幅広く組み合わせたものとなる可能性があり、目的は「ウクライナ指導部の無力化」――つまり政権崩壊だとまで述べていたが、次章で述べるように、この予測は（ゼレンシキー政権が持ち堪えたことを除いて）ほぼ正確であった。

さらに2月19日、ロシア軍は大陸間弾道ミサイル（ICBM）などを動員した戦略核部隊の大演習を開始した。ロシア軍はこの種の演習を毎年実施しているが、通例であれば、その実施時期は秋の軍管区大演習の後である。ところが2021年には9月に「ザーパド2021」が終了した後も戦略核部隊大演習が始まらず、結局、翌年にずれ込む形で実施されたのが問題の演習であった。ロシアの軍事思想においては、自国の軍事力行使を西側に邪魔させないために核兵器を使うという考え方が以前からあり、ここには実際の核使用から演習の脅しまでが幅広く含まれている（小泉2021）。とすれば、ロシア軍はこの時、全く教科書通りの核の脅しを西側に対してかけつつ、ウクライナへの侵攻準備を整えていたということになるだろう。

しかし、当時の筆者は、戦争の危険はひとまず遠のいた、あるいは軍事力が行使されるとしても第二次ミンスク合意履行を呑ませるための限定的なものになるだろうという自らの希望的観測に絡め取られていた。

†針の筵に座らされるラヴロフ

「今回の事態の落とし所は、ロシアが軍事的圧力によって第二次ミンスク合意をウクライナに呑ませるということになると思います」

筆者がテレビ番組のオンライン・インタビューをそう締めくくった翌日、全てが間違っていたことが判明した。2月21日、国家安全保障会議の拡大会合を開催したプーチンは、ウクライナ東部の自称「ドネツク人民共和国」と「ルガンスク人民共和国」を正式に国家として承認することを決定したのである。前述のように、これは、ロシアが第二次ミンスク合意に基づく紛争解決を完全に放棄したことを意味していた。

安全保障会議の様子は何もかもが奇妙だった。通常、安全保障会議の様子は冒頭のプーチンによる挨拶だけが後から大統領府のサイトに掲載されるだけであり、具体的な議論の中身は公開されない。しかし、この日の拡大会合ではその全体がテレビで中継された。冒頭、プーチンがドネツクとルガンスクの国家承認に関する下院の要請を認めるかどうかを話し合うと述べると、国家安全保障会議のメンバーたちが次々と壇上に呼び出され、発言の機会が与えられていくという方式である。

最初に指名されたラヴロフ外相は、NATOの姿勢を非難しつつ、対話には進捗があり、話し合いは継続すべきであると述べた。また、ラヴロフは、12月に送付した条約案についての追加的な対話が2月24日に開催される予定であるとも明らかにしている。

ところが、これに対するプーチンの反応は、否定的なものだった。西側の態度は変化していない。昨日はフランスのマクロン大統領が「米国の態度は変化した」というので何が変化したのかと問い詰めたら答えられなかった。その変化というのが何だかわからなければ話にならないではないか——こう述べた上で、プーチンは「私はそういうふうに理解しているが?」と問いかけた。

これに対してラヴロフはNATO拡大に関する西側の態度が変化していないことはたしかだが、依然としてフランスを仲介として米国と話し合いを続けるという意味の返答を行った。結局、ラヴロフは最後まで「ドネツク人民共和国」と「ルガンスク人民共和国」の国家承認問題については自分の考えを一切述べないまま発言を終えた。

これに続くメンバーの発言は、概ねプーチンの路線を支持するものと言えた。例えばラヴロフの次に発言権を与えられたドミトリー・コザク大統領府副長官（旧ソ連空間担当）は、ウクライナには紛争解決の意思はなく、ドイツとフランスが仲介している方式では親露派武装勢力との直接対話が想定されていないので無益だと主張した。この直前、ラヴロフがフランスの仲介で対話継続を主張したことに対するしっぺ返しのようにも見える。

会議の後半に発言したニコライ・パトルシェフ国家安全保障会議書記に至っては、ラヴロフを名指ししながら、米露交渉など「交渉のための交渉」であって、米国の本当の狙いはロシアを崩壊させることなのだとまで言い放ったが、ロシア政府の高官がカメラの前で同僚を批判する様子が公開されるのは非常に珍しい。この点からしても、この国家安全保障会議拡大会合が非常に「奇妙」であったという筆者の印象は容易に理解できよう。

「ドネツク人民共和国」と「ルガンスク人民共和国」の国家承認について、最初に明確な賛意を示したのはメドヴェージェフである。アレクサンドル・ボルトニコフFSB長官とショイグ国防相がドンバスでの戦闘激化やウクライナ軍の集結について報告したことを受け、メドヴェージェフは、現地のロシア系住民と在外ロシア人を守るには国家承認しかないとはっきりと述べた（メドヴェージェフによれば80万人のロシア国籍者がこの地域に住んでいるとされたが、その多くは第一次ロシア・ウクライナ戦争開戦後にロシアのパスポートを受け取った現地人である）。

また、メドヴェージェフは、西側にとってロシアがウクライナよりもはるかに重要な存在である以上、西側との緊張はいつか緩和するだろうとか、国民も国家承認を歓迎するだろうとも述べている。この後に登壇したヴャチェスラフ・ヴォロジン下院議長、ヴァレンティナ・マトヴィエンコ上院議長、ミハイル・ミシュスチン首相も国家承認を明確に支持した。

†パワハラ会議

煮え切らない態度を取ったのは、セルゲイ・ナルィシキン対外情報庁（SVR）長官だった。「ウクライナに対して第二次ミンスク合意を履行させるべきだ、そうでなければ、現在議題に上っている決定を下さねばならない」とナルィシキンは述べた。「ドネツク人民共和国」と「ルガンスク人民共和国」の国家承認についてはあくまでも条件付きで、しかもはっきりそのようには口にしたくないという態度がありありと見える口ぶりである。

これをプーチンは見逃さなかった。「そうでなければ」とはどういうことなのか。交渉を始めろということなのか、それとも国家承認を提案しているのか、はっきり言ってほしい——こう詰め寄られたナルィシキンは「承認の提案を支持します」と答えかけたが、プーチンはさらに「Поддержу или поддерживаю?」と畳み掛けた。

「поддержу」も「поддерживаю」も日本語にしてしまえば「支持する」なのだが、ロシア語の動詞には不完了体と完了体がある。「支持する」という動詞について言えば、前者は概ね「自分の意思ではないが提案があれば支持する」というニュアンスであるのに対して、後者は「現に、今、自発的に支持している」というより積極的なニュアンスを含むから、プーチンが言わんとしたのは「自分はどうなのかはっきり言え」ということであろう。そこで今度は「поддерживаю」でナルィシキンが答えようとすると、プーチンはさらに発言を遮り、「「はい」か「いいえ」で答えてくれ」と言った。

「поддержу」なのか「поддерживаю」なのかはっきりさせろと言われたのでそうしたら、今度は別のことを言い出すのだから、これではただのパワハラである。ナルィシキンは、もはや完全に混乱していたらしく、「ドネツク人民共和国」と「ルガンスク人民共和国」の「編入」を支持するとしどろもどろに口走った。まるでドンバス地方を併合するかのようである。これにはさすがにプーチンも苦笑しながら「そんな話はしていないよ」と応じ、最終的にはナルィシキンは「独立を認めるという提案を支持します（поддерживаю）」と述べてから席に戻ることを許された。

軍事的緊張の高まりと戦略核部隊の大演習、そこから一転して持ち出されてきた緊張緩和のジェスチャー、だが最後には第二次ミンスク合意の破棄へ――2022年の幕開けから2月21日までの展開を振り返ってみると、まるでジェットコースターに乗せられていたような気持ちになってくる。この時期、ウクライナをめぐる情勢を注視していた多くの人々もそうであっただろう。しかも、制御盤の前に座っているのはプーチンその人であり、これがいつ終わるのか、終着駅がどこなのかは彼にしかわかっていないのだ。

だが、ジェットコースターの行き先はどうやらわかってきた。戦争だ。しかも、そのジェットコースターは全く減速する気配を見せず、全速力でそこへ突っ込んでいこうとしていた。

第 3 章

「特別軍事作戦」

2022年2月24日〜7月

ウクライナ侵攻を始めるロシア軍(Ⓒロイター/アフロ)

1　失敗した短期決戦の目論見

†斬首作戦

2022年2月24日午前5時、ついに戦争が始まった。もはやそこに驚きはなかった。プーチンが二つの「人民共和国」を国家承認した直後、米国のバイデン政権はプーチンとの首脳会談を公式に中止すると発表しており、対話の道は完全に断たれていたからである。

ちなみに開戦の直前、プーチンは二つのビデオ演説を公開している。一つはドネツィクとルハンシクの国家承認を2月21日の国家安全保障会議拡大会合で決定した後に公開されたものであり、もう一つは開戦当日の2月24日に公開された。これら二つのビデオ演説においてプーチンが述べたことをまとめると、次のようになろう。

・現在のウクライナはソ連時代に人工的に作られたものである。
・ロシアはソ連崩壊後にウクライナを独立国家として承認したが、現在のウクライナ政府は西側の手先に成り下がっている。

・彼らは非常に腐敗している上にネオナチ思想に毒されており、ロシア系住民のアイデンティティを否定して強制的にウクライナに同化しようとしている。
・ウクライナ政府にはミンスク合意を履行する意思はなく、砲撃やドローン攻撃でウクライナ東部の人々を虐殺している。ロシアには彼らを守る義務がある。
・ウクライナは核兵器を開発しようとしており、ロシアにとってだけでなく、国際社会にとっても脅威である。
・NATOは訓練基地の名目でウクライナに軍事プレゼンスを展開しようとしている。
・NATOはかつて東方拡大をしないと約束したがこれは結局嘘であり、ウクライナの加盟の可能性も依然として残っている。
・ウクライナには米国のミサイルが配備される可能性があり、巡航ミサイルなら35分、極超音速兵器なら4、5分でモスクワに到達してしまう。
・以上を踏まえて、ロシアはウクライナに対する「特別軍事作戦」(後述)を開始する。その目的はウクライナの非軍事化、非ナチ化、そしてロシア系住民の虐殺の阻止である。

全体としていえば、以上の内容は概ね、7月21日論文の延長線上にある。ただ、目新しいのは、プーチンがウクライナの「非軍事化」と「非ナチ化」を持ち出したことであった。これは、ウクライナを国家として武装解除し、さらにはロシアが「ネオナチ」と呼ぶところのゼレンシキー政権を退陣させることと解釈できよう。事実上、ウクライナの属国化を要求しているに等しいものであるし、ウクライナ側もこの発言を実際にそのように受け取った（Офис Президента Украины, 2022.3.8.）。さらにプーチンはウクライナが核兵器を開発しようとしている、とも主張し、ゼレンシキー政権の退陣は国際安全保障にも資するものだという体裁をとった。

こうして始まった戦争は、ほぼ米国が予想していたとおりに展開した。開戦と同時に、ロシア軍はウクライナの北部、東部、南部へと侵攻し、これに併せてウクライナ各地の軍事施設が弾道ミサイルや巡航ミサイルの攻撃を受けた。また、ロシアのサイバー部隊は、それ以前から続いていた政府機関や企業に対するDDoS（分散型サービス拒否）攻撃に加えて「ワイパー」と呼ばれる破壊的なマルウェアを使った攻撃を展開し、衛星通信網などのインフラを機能不全に陥れようとした。

開戦直前にバイデンが予言していた「ジェット戦闘機、戦車、弾道ミサイル、サイバー攻撃を幅広く組み合わせたもの」という攻撃形態は全く正しかったことになり、米国政府が相当に深い情報源をロシア政府内に持っていたことをうかがわせる。

また、バイデンの予言はもう一つの点でも正確だった。すなわち、ロシアが「ウクライナ指導部の無力化」を狙うだろうとの見通しである。これを裏付けるように、ロシア軍は開戦劈頭《かいせんへきとう》、キーウからわずか30kmの地点にあるアントノウ空港に空挺部隊を送り込んだ。後にロシアのスパイとして逮捕された人物（後述するアンドリー・デルカチ最高会議議員の補佐官）の証言などによると、作戦の全容は次のようなものであった。

・武装ヘリコプターに護衛された数百機もの輸送ヘリコプターで空挺部隊を送り込み、空港を占拠する。
・ここに軍用輸送機に分乗した後続の空挺部隊や参謀本部情報総局（GRU）の2個特別任務（スペツナズ）旅団を降ろす。
・スペツナズ旅団はキーウの議会と官庁を占拠し、臨時議会を招集させて傀儡政権を樹立する。

以上を信じるならば、ロシア軍が目指していたのは、ゼレンシキー以下を電撃的に排除して政府を瓦解させてしまう、いわゆる「斬首《ざんしゅ》作戦」であったということになる。

さらにウクライナのアンドリー・イェルマーク大統領府長官は、この日、ロシアのドミトリー・コザク大統領府副長官から一本の電話を受けていた。その内容は単刀直入に「ウクライナは降伏すべきだ」と迫るものであり、イェルマークはこれに対して毒づいて電話を切ったとされる。同じ日にはレズニコウ国防相もベラルーシのヴィクトル・フレニン国防相から電話を受けて、降伏を勧めるショイグのメッセージを伝えられていた。レズニコウの答えは、「ロシアの降伏なら受け入れる」であったという。

†ロシアが張り巡らせた秘密ネットワーク

ロシアはウクライナの「首」を落とすだけでなく、「身体」全域を電撃的に占領するための用意も整えていた。ウクライナ国内にいくつもの「民間警備会社」を設立しておき、いざ開戦となったら、彼らがロシア軍の進撃路を確保・警備するという計画であったようだ。

その総元締めが、かつてレオニード・クチマ大統領の補佐官も務めたアンドリー・デルカチである。報道によると、デルカチを操っていたのはGRUのウラジミール・アレクセーエフ第一副総局長であり、供与された資金の総額は数千万ドルに及んだという。

しかも、ロシアの協力者ネットワークは、ウクライナの諜報機関であるSBU内部にさえ及んでいた。当時、SBU長官を務めていたのはゼレンシキーの幼馴染でもあるバカノウであったが、この件が明るみに出たことにより、ゼレンシキーはバカノウを監督不行き届きで解任せざるを得なくなったほどである（もっとも、バカノウ自身も開戦後に突如として行方不明になるなど不審な行動を取ったことが知られており、彼の解任が本当に監督不行き届きだけを理由としているのかは明らかでない）。

では、FSBが彼らに具体的に何をやらせようとしていたのか。詳しいことは明らかでないが、ウクライナ政府の情勢判断や軍の配備など、機微《きび》な情報をロシア側に流させることが第一に考えられよう。第二に、SBU内に張り巡らされた協力者ネットワークは、ロシア軍の侵攻を裏から手引きする役割を期待されていた。侵攻してくるロシア軍に対して軍や治安部隊の抵抗を手控えさせるとか、破壊工作で戦線後方を不安定化させるといった任務であったと思われる。

第三に、FSBは占領後の統治においても中心的な役割を果たすことになっていた。開戦後半年ほどしてから『ワシントン・ポスト』が報じたところによると、FSBは侵攻開始の前後に同庁第5局第9課のイーゴリ・コワレンコ課長をキーウに送り込む手筈を整えており、同人のためにキーウ市内のアパートまで手配していた。FSB第5局は長らく旧ソ連諸国での諜報活動や内政干渉の任務を担ってきたとされる部署であり、その中でもコワレンコはメドヴェチュークを含む多くの協力者をウクライナ国内に抱えてきたと見られているから、事実上の「占領政府総督」のような役回りだったのだろう（Miller and Belton, 2022. 8. 19.）。

また、開戦の1カ月ほど前に英国政府が発表した評価では、ロシアの情報機関と深いつながりを持つ人物としてセルヒー・アルブゾフ元第一副首相、アンドリー・クルエフ元第一副首相、ヴォロディミル・シブコヴィチ元国防安全保障会議副議長、ムィコラ・アザロフ元首相といった人物の名前が挙げられていた。

彼らはいずれもロシアの後押しで２０１０年に就任したヴィクトル・ヤヌコヴィチ政権で閣僚を務めた人物であり、マイダン革命後もロシアとの繋がりが切れていなかったのだと考えられる。さらに英国政府は、ロシアがゼレンシキー政権を崩壊させて傀儡政権を樹立するという見通しをこの時点で示しており、その際の首班としてはヤヌコヴィチと近い関係にあったエウゲニー・ムラエフが候補として考えられるとしていた（Foreign, Commonwealth & Development Office and The Rt Hon Elizabeth Truss MP, 2022. 1. 22.）。

†「特別軍事作戦」とは何なのか

2月24日のビデオ演説において、プーチンはこの戦争を「特別軍事作戦（специальная военная операция）」と呼んだ。当時、この演説に接した筆者は、国防法や「ロシア連邦軍事ドクトリン」といった軍事安全保障関係の様々な基本文書に当たり直してみたのだが、その定義を見つけることができなかった。したがって、プーチンのいう「特別軍事作戦」とは一体何を意味するのか、それは戦争とどう違うのかははっきりしないまま、ロシア軍はウクライナに攻め込んだことになる。

しかし、開戦直後に起きた一連の事態と、その後に明らかにされた情報を考え合わせるならば、プーチンの思惑はほぼ明らかであろう。つまり、アントノウ空港を拠点とする「斬首作戦」でゼレンシキー指導部を排除し、ウクライナ全土ではGRUとFSBが抱き込んだ内通者によってロシア軍が電撃的にウクライナを占領してしまうということである。

とするならば、「特別軍事作戦」の意味するところとは、「軍隊は投入されるが、激しい戦闘を伴わない軍事作戦」といったものであったのではないかと思われる。ことがプーチンの思惑通りに運べば、ウクライナには早々に傀儡政権が樹立されたのであろうし、その場合、ロシアの振る舞いに対する国際社会の対応もそう厳しいものとはならない——そんな思惑もあったのかもしれない。

実際、2014年以降のロシアは西側の制裁を受けながらも全体としてはエネルギー輸出に支えられた経済は持ち堪え、2021年にはノルド・ストリーム2に対する制裁も緩和されていた。電撃的に既成事実を作ってしまえばいい——プーチンはそう考えていたのではないか。

†逃げ出す内通者たち

だが、一見周到なロシアの戦略は、結果的に計画倒れに終わった。ロシアの目論見が全く外れたというわけではない。南部のヘルソン州やザポリージャ州に関しては、当初からウクライナ軍の兵力配備が薄かったこともあり、ロシア軍はそれほど労せずしてこれらの地域を占拠することができた。

ＦＳＢが張り巡らせていた内通者のネットワークも、一定の効果を発揮した。ロシア軍の侵攻と同時に、かなりの数のＳＢＵ幹部が行方をくらませた結果、防衛体制に混乱が生じたのである。その筆頭が、ＳＢＵにおいて国内の保安業務を統轄していたアンドリー・ナウモウ保安総局長で、開戦と同時に姿を消したが、約4カ月後に多額の現金とともにモンテネグロへと逃れようとしたところをセルビア内務省に拘束された。さらにロシア軍が侵攻してくると一部の地方自治体では首長が無血で占領地域を差し出したり、ＦＳＢの資金を受け取っていた地元の検察機関が占領に抵抗する首長を拘束するという事例もあったようだ。

攻め寄せてくるロシア軍を迎え撃ったのはウクライナ軍や内務省国家親衛軍といった軍

事組織であり、こちらからは顕著な寝返りや逃亡の話はあまり聞かれない。しかし、後方地域にある都市や重要施設の警備はSBUの管轄であったため、同庁幹部の相次ぐ逃亡は、ここに穴を開ける形になった。

例えばキーウ北方に位置するチョルノービリ（チェルノブイリ）原発では、SBUから出向していた警備責任者が開戦と同時に姿を消したため、ほぼ無抵抗でロシア軍に占拠された。問題の警備責任者は、原発がロシア軍に包囲されている間、代役の責任者に電話をかけて「部下の命を無駄にするな」などと説得していたというから、ロシア側の協力者だったのだろう。第二の都市ハルキウの防衛戦においてもSBUの現地支局長が部下を連れて逃亡するという事態が起きている。

このように、SBU内部の対露協力者たちは、何らかの積極的な手引きを行ってロシア軍を迎え入れるというよりも、ただ任務を放棄して逃亡するというパターンが多かった。これがかねてよりの手筈であったのかどうかははっきりしない。ウクライナの保安機関を麻痺させるためにFSBがこのような一種のサボタージュ作戦を仕込んでいたのかもしれないし、あるいは内通者たちは本当に戦争が始まるとまでは思っておらず、本気で協力するつもりなしにFSBから金を貰っていただけなのかもしれない。ところがどうやら本当に戦争が始まるに及び、内通が露見するのを恐れて逃げ出した――という可能性は、何とも身も蓋もない話ではあるが、いかにもありそうではある。

GRUがデルカチに作らせていたという民間警備会社についても、開戦当時にどのような働きをしたのか、はっきりしたことがわかっていない。ただ、現在までに目立った報道がないところを見ると、彼らが想定通りにロシア軍の手引き役を果たしていたようには思われない。そもそも、GRUが送った金の大部分はデルカチの懐《ふところ》に入っていたというから、「民間警備会社」というのはロシアから金をふんだくるためのペーパーカンパニーであったのかもしれない。

このようにしてみると、ロシアは大量の内通者をウクライナ国内に確保していたものの、その多くはあまりアテにならなかった、ということが見えてこよう。

†高慢と偏見

ロシアにとってもう一つの誤算は、キーウの攻略が予想以上に手間取ったことだった。アントノウ空港を占拠しようとしたロシア空挺部隊は、ウクライナのスペツナズ部隊や内務省国家親衛軍の激しい抵抗を受けたのである。一度はロシア軍が空港占拠に成功したものの、夜にはウクライナ軍に再び取り戻された。これに対してロシア軍は200機のヘリコプターで第二波を送り込んで最終的に空港を確保したが、ウクライナ側は砲爆撃や戦闘爆撃機の攻撃で滑走路を破壊し、後続の輸送機部隊が着陸できないようにしてしまった（*Washington Post*, 2022. 8. 24.）。

当時、空港防衛の任に当たっていたウクライナ側司令官は、『朝日新聞』の取材に対して「これが決定的だった」と語っているが、端的な要約というべきだろう（金成2022年8月24日）。空挺部隊やスペツナズは一般のロシア軍部隊に比べて練度が高いとは言え、基本的には重装備を欠く軽歩兵部隊に過ぎない。したがって、重装備を持つ後続部隊の輸送機が着陸できないということは、キーウを占拠し、ゼレンシキー政権を排除するという戦争の基本構想そのものがもはや狂ってしまったことを意味していた。ロシア軍の「斬首作戦」はこの時点で失敗に終わったのである。

それにしても、ロシア側はヘリボーン作戦（ヘリコプターによる部隊展開）とこれに続く「斬首作戦」がうまくいくと本当に思っていたのだろうか。空中機動する軽歩兵部隊の脆弱性をロシア側がわかっていなかった、とは考えにくい。むしろ、ロシアの空挺部隊はこの点を誰よりも強く認識しているからこそ、空輸可能な戦闘車両の開発・配備に世界でも類を見ないほどの熱心さで取り組んできた。しかし、それも空挺堡《くうていほ》（安全な降着地点）が確保できてのことであり、ヘリコプターで運べる程度の軽戦力が敵国の首都から目と鼻の先にある空港を確実に掌握できると考える根拠はどうにもよくわからない。ウクライナに対するロシアの軍事圧力はほぼ一年越しで掛けられていたのであり、となれば空港のような重要施設は厳重に防御されていると考えるのが普通であろう。

どうにか説明をつけようとすれば、「ウクライナ側の防衛部隊は戦意が低いだろう」、あるいは「抵抗は微弱だろう」といった希望的観測をロシア軍が抱いていた、とでも考えるほかない。実際、2014~15年の第一次ロシア・ウクライナ戦争においては、ウクライナ軍はロシアの正規軍にほとんど歯が立たなかったから、この時のイメージをロシア側が引きずっていた可能性はある。

ただ、その後のウクライナ軍がかなりの努力を払って軍改革を進めてきたことはロシア側も十分に承知しているはずである。それでもロシア軍がウクライナ軍を侮ったのはなぜか。そこには「ウクライナ人は（軍が、ではなく）弱い」という民族主義的優越感のようなものも混じってはいなかったか——この点は相当先になるまで正確に検証することは難しいとしても、ロシア軍の初期作戦構想からはどうしても、そのような匂いを嗅ぎ取ってしまう。

ジェイン・オースティンの小説『高慢と偏見』では、そのタイトルにある二つの要素が男女の衝突を引き起こし、最後にはロマンスへと結実する。だが、ロシアの「高慢と偏見」がもたらしたのは、手痛い軍事的失敗であった。

†「死ななかった」ゼレンシキー

ロシア側の最後の誤算は、ヴォロディミル・ゼレンシキーという政治家の力量を見誤ったことにある。

第1章で述べた通り、政治家としての経験をほとんど持たずに大統領になったゼレンシキーは、終始プーチンにペースを握られたままであった。さらに今回の戦争が始まる直前まで、ゼレンシキーは「差し迫った侵略の危険などない」といった発言を繰り返していたほか、2月1日には、3年かけて兵力を10万人増強するという実に悠長な軍改革案を承認している。ゼレンシキーは事態の深刻さを開戦の日まで認識できていなかったのではないか――との疑念が生まれるのはやむを得まい。

そんなことはない、とゼレンシキーはのちに主張している。同人によれば、戦争の可能性を繰り返し否定して見せたのは、経済が混乱してロシアへの抵抗力がかえって弱まることを恐れていたからだという。さらにゼレンシキーは、西側諸国がロシアの侵略に対して持ち堪えることができないと見て、ロシアが樹立するであろう傀儡政権と取引するつもりなのではないか、との疑いも抱いていたようだ（*Washington Post*, 2022.8.16.）。

果たしてゼレンシキーは侵略の危険性を本当に理解していたのか、自らの判断ミスを誤魔化そうとしているのか――真相は明らかでないが、はっきりしているのは、開戦後のゼレンシキーが非常にうまくやったということである。つまり、有事のリーダーはこうあってほしいと皆が思う通りに彼は振る舞ってみせた。

例えば、開戦翌日の夜、ゼレンシキーは自分のスマートフォンで撮影した自撮り映像をインターネットで公開している。夜の官庁街に立ったゼレンシキーは、スーツではなく軍服のような草色のシャツを着用しており、周りの男たちも同様であった。ゼレンシキーは「ここには議会各会派の長もいます、大統領府長官もいます。首相もいるし、（大統領府顧問の）ポドリャクもいる、そして大統領がいる」と一人ずつ紹介し、ロシアに対する徹底抗戦を呼びかけた。政府首脳部が逃げずに踏みとどまっていることを、自撮りという非常に臨場感のある形で示してみせたのである。

その後もゼレンシキーは、大統領の執務室などから（つまり間違いなく首都にいることがわかるように）概ね二日に一度の割合で自撮りを公開し続けていった。大国の侵略という事態に際して不安の極致にある国民に対し、このパフォーマンスは非常に効いた。

実は開戦後、米国はゼレンシキー政権に対して亡命を勧めたとされている。だが、この時のゼレンシキーの返答は「戦闘が起こっているのはここだ。必要なのは弾薬であって（亡命のための）移動手段ではない」というものであったという。ここでゼレンシキーが米国の勧めにしたがって亡命を選んでいれば、戦争の帰結は全く異なったものになっていたであろうことを考えると、ゼレンシキーの決断はアントノウ空港におけるウクライナ軍部隊の抗戦とともに「決定的」であった。

この点について、第1章で紹介したジャーナリストのルデンコは、「プーチンはゼレンシキーに死んでもらいたかったのだ。物理的にはともかく、政治的に」と述べている（ルデンコ2022）。つまり、ロシアにとって最良のシナリオとは、開戦とともにゼレンシキーが逃げ出し、国民の信頼を失う事態だったということである。

これはまさにプーチンが目論んだ電撃的なウクライナ占領という構想の中核を成すものであったはずであり、首都に踏みとどまるというゼレンシキーの決断は、まさに彼を政治的な死から救ったと言えよう。同時に、これはプーチンのプランA——短期間でゼレンシキー政権を崩壊させて傀儡政権を樹立するという目標が失敗に終わったことを意味してもいた。

2　ウクライナの抵抗

†持ち堪えるウクライナ軍

この結果、ロシアの「特別軍事作戦」は新たな段階へと移行した。というよりも、なし崩し的にそのような状況にもつれ込んだと表現した方がいいだろう。「斬首作戦」も内通者の手引きによる電撃占領も失敗したとなれば、残る方法は通常の戦争でウクライナの軍事力を打倒し、ロシアの支配下に置くことしかないからである。

こうなった場合、ウクライナの軍事力はほとんど無力であろうというのが西側における大方の見方であった。

例えば開戦の少し前、米CSISのエミリー・ハーディングは、次のような戦争の想定シナリオを発表していた。ウクライナがNATOの支援を得られるかどうかを縦軸に、ロシアの侵攻規模がどのくらいのものとなるかを横軸に取ってマトリックス化したもので、NATOの支援が得られない場合には、ウクライナはロシアの支配を受け入れるしかない、というのがその基本想定である。また、NATOの支援が得られた場合でも、ウクライナ

	ロシアによる ドンバス占領	ロシアによる キエフ以東の占領	ロシアによる ウクライナ全土の占領
NATO加盟国による反乱支援	**ほぼ現状維持**	**西ウクライナvs東ウクライナ**	**国境を越えたオペレーション**
	ドネツィクとルハンシクでの戦闘継続	冷戦期のベルリンのような西部vs東部のダイナミクスの出現	ウクライナと国境を接するNATO加盟国を通じた反乱への支援であり、モスクワとの緊張が高まる
ウクライナ人民の征服	**ドンバスのクリミア化**	**脅かされる西ウクライナ**	**プーチンの大勝利**
	ウクライナと欧州はモスクワによる領域占領に反対するが対応は限定的	ロシアは東部を親露派地域化して支配する。親西側の西部は経済的にも軍事的にも弱体化する。ロシアは西ウクライナを不安定化させて次の目標を設定する	ウクライナを手中に収めたプーチンは、この事実をもってNATO周縁部の旧ソ連諸国を脅かす

表1　ハーディングによる想定シナリオ（出典：Harding, 2022に掲載された図を筆者が翻訳。）

軍が組織的な抵抗を行うことはほぼ不可能であって、軍隊をゲリラ部隊に改編して、NATO加盟国を後背《こうはい》地《ち》としながら反乱作戦（insurgency operation）を行うしかない、というのがハーディングの結論であった（表1、Harding, 2022.2.15）。

　ロシアの侵攻開始前後に米国が行った対ウクライナ軍事援助も、このような見立てに沿って行われたものであるように見える。当時、米国がウクライナに供与したのはジャヴェリン対戦車ミサイルやスティンガー歩兵携行型地対空ミサイル（MANPADS）といった、兵士が肩に担げる武器が中心であって、戦車、装甲車、榴弾砲《りゅうだんぽう》などの重装備は含まれていなかった。欧州諸国からの軍事援助も似たり寄ったりの内容（英国製のNLAW対戦車ミサイルやドイツが保有していたソ連製のストレラMANPADS）であったことを考えると、欧米諸国もウクライナ軍が正規軍としてロシア軍と正面から対抗できるとは思っていなかったのではないか。

ウクライナのドミトロ・クレバ外相が開戦後に語ったエピソードはさらにあからさまである。「非常に影響力のある欧州某国」に駐在するウクライナ大使が同国の外相に軍事援助を要請した際、次のような言葉をかけられたという（*The New Voice of Ukraine*, 2022. 3. 16.）。

「正直に言えば、最大でも48時間以内に全てが終わり、新たな現実がやってくるというのに、なぜ貴国を助けなければいけないのでしょうか？」

しかし、ウクライナの抵抗力は、西側の予想を大きく上回るものであった。開戦から1カ月の間、ウクライナ軍は組織的な戦闘力を維持し、特にキーウ、チェルニヒウ、スムィ、ハルキウといった北部の主要都市を最後まで防衛しきったのである。これらの地域において攻略の任を担ったのがロシアの東部・西部軍管区を中心に抽出された主力部隊であったことを考えると、まさに驚嘆すべき粘りというほかない。

「聖ジャヴェリン」の加護の下で

ウクライナ軍がロシア軍の猛攻にこれだけ持ち堪えられたのはなぜなのだろうか。理由はいくつか挙げることができよう。

第一に、ウクライナ軍は決して弱体というわけではなかった。同国の総兵力は開戦前の時点で約19万6000人とされており、これは旧ソ連諸国では第2位の軍事力である。さらにウクライナは、内務省の重武装部隊としてドンバス紛争を戦ってきた国家親衛軍6万人、国境警備隊4万人という有力な準軍事部隊を保有しており、これらを合計すると30万人になる（IISS, 2022）。

対するロシア軍の侵攻兵力は15万人（開戦前のバイデン大統領の発言）、親露派武装勢力を加えても19万人ほど（同時期における米OSCE代表の発言）とされていたから、実は正面戦力比ではウクライナが優勢であった。榴弾砲や多連装ロケット・システムなどの火力、戦車や装甲車両といった機甲戦力の点数ではロシア軍が遥かに優勢であったため、単純な比較はできないが、手も足も出ないというわけではなかったことは確認しておく必要があろう。

第二に、ウクライナは広い。国土面積は約60万㎢と日本の1.6倍にも及び、多少の侵攻を受けても地積を戦略縦深《せんりゃくじゅうしん》として反撃のための時間を稼ぐことが可能であった。さらにキーウ北方にはプリピャチ湿地と呼ばれる湿地と森林地帯が広がっており、これが天然の防壁として機能したことにも触れておく必要があろう。さらにウクライナ側はロシア軍の侵攻と同時にプリピャチ川のダムを決壊させて人為的な洪水を引き起こし、さらに３００以上の橋を破壊して、ロシア軍が限られた道路上を進まざるを得ないように仕向けた。

ただ、ウクライナ軍は、火力や機甲戦力の面でロシアに対して圧倒的に劣勢であった。しかもロシア軍の侵攻はキーウに対してだけでなく、東部や南部からも行われたため、首都防衛の戦力は圧倒的に不足していたとされる。そこでウクライナ軍は、キーウ近郊の軍事訓練センターを基礎として、軍と治安部隊から成る急ごしらえの防衛部隊をいくつか編成し、訓練用の予備兵器まで引っ張り出してロシア軍を迎え撃たざるを得なかった（*Washington Post*, 2022.8.24.）。

ここにおいて、米国や欧州が供与した対戦車ミサイル・ジャヴェリンが威力を発揮した。これが第三の理由である。特に有名なのはキーウ北東部のブロヴァルイで行われた戦闘であろう。進撃してきたロシア軍中央軍管区第90戦車師団は、街中に潜んでいたウクライナ軍から対戦車ミサイルの待ち伏せ攻撃を受けて大損害を出し、師団長まで戦死するという結果に終わった。ベラルーシ側から進撃してきたロシア軍も限られた進撃路をそこここで阻まれ、車列は60km以上に伸びきってしまった（ただし、当時のウクライナ軍にはこの格好の標的を叩くだけの空軍力を持たず、後にロシア軍は比較的整然と撤退した）。

こうして、ジャヴェリンは単なる兵器ではなくなった。聖母マリアがジェヴェリンの発射機を抱いた「聖ジャヴェリン」なるイラストが登場し、たちまちミーム化したのである。「聖ジャヴェリン」が団地の壁にまで描かれ、キーウにはグッズ販売店まで出現したという一事をもってしても、このミサイルに対するウクライナ国民の信頼がうかがえよう。イスラム諸国が国旗に半月刀を描き、モザンビーク国旗にはカラシニコフ小銃があしらわれたように、ジャヴェリンは主権と独立の象徴となったのである。

†ウクライナの「三位一体」

以上のような軍事的理由に加えて、ウクライナには、ロシアの侵略に対して抵抗を貫くだけの政治的・社会的足腰があった。プロイセンの軍人にして軍事思想家でもあったカール・フォン・クラウゼヴィッツが述べるところの「三位一体」がそれである。

クラウゼヴィッツは、戦争を「拡大された決闘」と位置付けた。つまり、戦争というのは二人の男が暴力で相手を屈服させようとする行為を国家規模に拡大したものだということである。しかも、暴力の行使は敵による対抗的な暴力行使を引き起こし（「第一の相互作用」）、そのことは、「私が敵を打倒してしまわぬ限り、私は敵の方が私を打倒するのではないかと常に恐れていなければならない」という状態を作り出す（「第二の相互作用」）。その結果、当初は敵を打倒するのに必要十分な規模で始まった暴力行使は、敵味方の間で無制限にエスカレートしていく（「第三の相互作用」）とクラウゼヴィッツは考えた（クラウゼヴィッツ2001）。

こうした戦争観に決定的な影響を与えたのが、フランスのナポレオン・ボナパルトが引き起こした一連の大戦争（ナポレオン戦争）の経験であったことは広く指摘されている。戦争は暴力闘争であるという、ある意味で当然のように思われるテーゼをクラウゼヴィッツが強調するのは、これ以前の戦争が必ずしも激しい暴力行使を前提としていなかったためであった。

ナポレオン戦争以前の欧州においては、軍隊は貴族層の「財産」であり、しかも一度軍隊が壊滅すると再建が難しいため、大規模な犠牲が出る決戦を避けて小規模な勝利を積み重ねる「制限戦争」の形が一般的にとられていた（石津2001年3月）。したがって、当時の欧州では「維持費用のかかる常備軍の指揮官は、できる限り戦闘を避け」、「機動戦で、なるべく敵の領土で行われ、しかも敵国の地方の資源を使い、敵を徐々に消耗させる」ことに注意が払われる傾向が強かった。

つまり、ナポレオン以前の戦争は「儀式的」な性格が強く、究極的には「戦闘そのものが消失するかもしれない」とさえ予見されていた（ハワード2021）。

しかし、ナポレオンとの戦いは、それ以前にクラウゼヴィッツが経験した戦争とは「同じ「戦争」というカテゴリーに含まれる活動であるのを理解するのも困難であったほど」に異なっていた（ハワード2021）。ナポレオンが創設した大陸軍《グランダルメ》は、「18世紀の他の国の陸軍では対応できないほどの死傷者を出しながら戦」う「獰猛《どうもう》な戦争」を遂行することができる、全く異なる種類の軍事力であった（Knox and Murray, 2001）。

こうした戦い方を可能とした要因の一つが、フランス革命後に導入された国民皆兵制度であったことはたしかであろう。しかし、こうした制度的な革新は、「獰猛な戦争」の全てを説明するものではない。ナポレオン時代に軍隊に動員された国民は最大で全人口の7%にも及んだが、この程度の動員はフリードリヒⅡ世時代のプロイセンでも行われていた（ドルマン2016）。

むしろ重要であったのは、「国家とそこに住む人々の関係が変質したこと」、すなわち「国民」としての自覚を持ったフランス大衆が国家の危機を自らの危機であると認識し、強制によってではなく自らの意志で主体的に祖国防衛に参加するようになったことであった。

スミスが述べるように、「彼らは、もはや国王のために戦う軍服を着た農奴《のうど》ではなく、フランスの栄光のために戦うフランス人愛国者だった」のであり（Smith, 2005）、「獰猛な戦争」はこうした新たな大衆の存在なくしては成立しなかった。こうして、決戦を回避する「制限戦争」から、多大な犠牲を払ってでも決戦を行い、雌雄を決する近代的な国家間戦争への転換が生じたのである。

それゆえに、クラウゼヴィッツは、近代的な国家間戦争は政府と軍隊だけで成立するものではないと主張した。戦争は、国家が政治的目的を達成するための手段であり、これを遂行するのは軍隊による暴力闘争であるが、そこには国家と自己を同一視して大量の犠牲を払う覚悟を持った「国民」という存在が絶対に必要とされる――これがクラウゼヴィッツのいう三位一体論であった。

このモデルをウクライナに当てはめてみると、現在の同国には三位一体が比較的きれいに揃っているように見える。ウクライナの政治的目的は侵略の撃退というシンプルでわかりやすいものであり、軍事力は決して弱体ではない。

さらに開戦後の世論調査が示すように、侵攻が長期化したり、ウクライナの独立性がさらに脅かされる事態になったりしても、「領土に関する譲歩を支持しない」と答えたウクライナ国民の割合は82%にのぼっていた。国民はあくまでもロシアの侵略に抵抗することを選んだわけである。

この結果、ゼレンシキー政権は開戦後に発動した総動員によって5月には70万人の兵力を確保し（前述のように開戦前は準軍事部隊も含めて30万人であった）、7月にはこの数字を約100万人（ウクライナ軍70万、警察部隊10万、国家親衛軍9万、国境警備隊6万）まで増強することができた。

48時間で消滅するはずだったウクライナがこれほどまでに持ち堪えられた要因は、この点（クラウゼヴィッツのいう「国民」の要素）にも求めることができよう。

†全力を出せないロシア軍

ロシア側の事情にも目を向けてみたい。既に述べたように、プーチンはこの戦争を「特別軍事作戦」と位置付けたが、この点は戦争が長引いた後も変化しなかった。つまり、事態が公然たる戦争にもつれ込んでも、プーチンはその現実を認めようとしなかったということである（詳しくは第4章を参照）。

そして、このことは単なる建前論を超えて、ロシア軍の戦闘能力を大きく制約した。『ミリタリー・バランス』2022年度版によると、ロシア軍の総兵力は実勢にして約90万人程度であり、このうち約36万人が地上部隊（陸軍約28万人、空挺部隊4万5000人、海軍歩兵部隊3万5000人）とされている。しかし、36万人のうちの20万人強は徴兵で占められており、戦時体制が発令されない限り、彼らを戦場に送ってはならないということが

2003年には決定されていた。

もちろん、これは建前である。2008年のジョージアとの戦争では投入された兵力の3分の1が徴兵であったと言われているし、第二次ロシア・ウクライナ戦争においても徴兵の実戦投入は何例か報告されている。しかし、たとえ建前であっても、それをしないと政府が公約した以上、これらはあくまでも違法な行為であって、事態が露見するとロシア政府は「手違いだった」と釈明して徴兵を戦地から引き上げざるを得なかった。

したがって、15万人というロシア軍の侵攻兵力は、全地上部隊から徴兵を除いたほぼ全力であったのだと考えられよう。ここに親露派武装勢力の部隊や民間軍事会社ワグネルなどを加えても、戦時動員で増強されたウクライナ軍に対して兵力で劣勢なことには変わりはなかった。

また、ロシア軍は航空戦力の活用にも奇妙にも及び腰であった。ウクライナの陸軍がそれなりの規模であったことは既に述べたが、空軍は規模も小さく、装備も旧式のままである。これに対してロシア空軍は2000年代以降の軍改革で大幅な近代化を遂げていた上、開戦前には300機以上の戦術航空機がウクライナ周辺に展開していた。多少の犠牲を覚悟でこれらを大規模に投入した場合、ウクライナは完全に航空優勢を奪われていたはずである。

しかし、実際には、ロシア軍機は国境付近からミサイルを発射しては逃げ帰るという戦い方を中心とし、激しい航空戦を避けた。この結果、ウクライナは本書の執筆時点でも約8割の航空戦力を維持していると見られ、偵察や攻撃など、地上部隊の抵抗に不可欠な支援を提供し続けることができている。その理由ははっきりしないが、単にロシアの航空部隊が大規模な空陸連携の能力を欠いていたというだけでなく（O'Brien and Stringer, 2022. 5. 10.; Bronk, 2022. 2. 28.）、政治指導部による何らかの制約を受けていた可能性も排除できないだろう。

3 撤退と停戦

†ロシア軍のキーウ撤退

ロシアのウクライナ侵攻が行き詰まる中で、2月28日から3月7日にかけて3回の停戦交渉が行われた。だが、これらの交渉は目立った成果を挙げたとは言えない。

これらの交渉においてウクライナ側代表団を率いたダヴィド・アラハミヤによると、ロシア側は第1回目の交渉では「最後通牒と降伏への同意」を突きつけてきたという

（Лепич, 2022. 3. 30.）。ウクライナ側がこれを突っぱねると、ロシア側はウクライナの「中立化」と「ある程度の非武装化」へと要求をシフトさせたようだが（Взгляд, 2022. 3. 16.）、侵略を受けている最中に同盟国も自衛力も持つなというのでは話がまとまるはずもなかった。ウクライナが軍事的な抵抗を継続できていたのだからなおさらであろう。

こうして開戦から約1カ月後の3月25日、ロシアは大幅な方針転換を表明した。「特別軍事作戦の第一段階が概ね完了」したので、今後は「東部の解放に注力する」とロシア軍参謀本部のセルゲイ・ルツコイ第一副参謀総長が表明したことがそれである。

ちなみにルツコイの発言はロシア国防省系テレビ局『ズヴェズダ』のサイトでより詳しく紹介されているが、同人がこの中で「ウクライナへの侵攻プランは当初、二種類あった」と明らかにしていることは興味深い（Никулин, 2022. 3. 27.）。

ルツコイによれば、兵力を東部のドンバス地方に集中させるというのが侵攻プランの第一であったようだが、迎え撃つウクライナ側部隊と正面から衝突することが予想されたため、この計画は放棄されたという。一方、第二案は「ウクライナ全土の非武装化、軍事インフラの破壊、都市の封鎖」を基本とするもので、実際の侵攻プランとして採用されたのはこちらだった。要するに、ウクライナ軍と真っ向から戦うのではなく、同国を麻痺状態に陥れて占領するつもりであったらしいことが、この発言からは改めてうかがわれる。

だが、「東部の解放に注力する」ということになれば、侵攻プランは結局、ドンバスを中心とする第一案に近いものとなってしまうのではないか。この点についてのルツコイの説明は、1カ月間でウクライナの軍事力を大幅に弱体化させ、外国の傭兵も撤退させることができたので（ルツコイは西側が傭兵を送り込んでいると繰り返し示唆した）、もはやキーウをはじめとする北部を攻める必要は無くなった、というものであった。もちろん、これが作戦の失敗を糊塗《こと》するエクスキューズであることは上記の推移からして明らかであろう。

問題は、ロシア軍が本当にキーウ周辺から完全に撤退するかどうかであった。少なくとも当時の筆者は、ロシアの公式見解に対して非常に懐疑的であったことを記憶している。大変な苦労をしてキーウの周辺まで迫っておきながら、ロシア軍が本当に引くものだろうか。2021年春も、2022年2月も、ショイグが表明した「撤退」は結局嘘だった。とすると、撤退するというのはマスキロフカ（欺瞞《ぎまん》作戦）に過ぎず、むしろキーウに対して奇襲的な攻勢をかけるのではないか。あるいは撤退させるとしても榴弾砲やロケット砲の射程圏内には留まり、継続的にウクライナ政府を脅し続けるのではないか――。

しかし、ロシア軍が取った行動は、そのいずれでもなかった。キーウ、チェルニヒウ、スムイといったウクライナ北部の都市からロシア軍はものの1週間ほどで本当に撤退していったのである。しかも、前述のように、当時のウクライナ軍には撤退するロシア軍に追撃を掛けるだけの兵力の余裕はなかったから、撤退は非常に整然としたものであった。「そこは腐ってもロシア軍だな」と妙な感慨を覚えたが、それから半年後の潰走劇《かいそうげき》（後述）を思えば、この当時のロシア軍がまだ秩序立った作戦能力を維持していたことは間違いないだろう。

†会議は踊る

ロシア側の変化は、停戦交渉における態度にも現れた。

ロシア軍がキーウ周辺から撤退を開始しつつあった3月29日、トルコのイスタンブールで4回目の停戦交渉が開かれた。ウクライナ紙『RBKウクライナ』は、このロケーションが重要であったと述べている。

それまでの3回の協議は、いずれもロシアの同盟国であり、出撃基地を提供してさえいるベラルーシで開催されていたからである。ウクライナはこれに不満を表明し、ポーランドなどの非交戦国での交渉を主張したが、その時点での決定権はまだロシアが握っていた。

こうしてウクライナは「アウェー」での（ロシア側からみれば「ホーム」での）交渉を余儀なくされたわけだが、第4回交渉の開催地にトルコが選ばれたことは、両者のパワーバランスが微妙に変化しつつあることを示していた（*РБК Украина*, 2022.3.30.）。

しかも、この第4回交渉では、停戦の実現に向けたより現実的な条件がウクライナ側から提出された。前述の『RBKウクライナ』によれば、この際に議題に上ったのは次の点である。

- 米国、中国、英国、トルコ、ドイツ、フランス、カナダ、イタリア、ポーランド、イスラエルを含む諸外国がウクライナに対して法的拘束力のある安全の保障を与える。これらの国々は北大西洋条約第5条と同様、ウクライナに侵略が発生した場合には72時間以内に協議を行い、軍隊の派遣、武器の提供、飛行禁止区域の設定といった措置を取る。
- ただし、この保障は親露派武装勢力の支配地域とロシアが強制併合したクリミア半島には適用されない。
- クリミア半島については15年間かけてその地位を話し合う。
- 親露派武装勢力の支配地域については別の対話枠組みを設ける。
- 以上と引き換えに、ウクライナは中立と非核を約束し、外国軍の基地も置かせない。
- ただし、EU加盟を含めた軍事・政治同盟への加盟は否定されない。EUへの加盟も否定されない。

・ウクライナで軍事演習を行う場合には全ての保障国の合意を得る。

『RBKウクライナ』に対して民主構想財団のマリア・ゾルキナが述べているように、以上の合意ではウクライナが外国による集団防衛を果たして受けられるのかどうかは曖昧であり、1994年のブダペスト覚書の焼き直しに過ぎないという理解も可能である。ブダペスト覚書の骨子は、ウクライナがソ連から継承した核兵器を放棄する見返りに米国、英国、ロシアがウクライナの安全を保証するというものであり、フランスと中国も同様の内容を含む文書に別途署名していた。

しかし、2014年の第一次ロシア・ウクライナ戦争に際しては、これらの国々は実質的な軍事的支援をウクライナに対して行っていない。米国家安全保障会議でロシア・ウクライナ・ユーラシア問題担当補佐官を務め、1990年代末には駐ウクライナ大使としてキーウに駐在したスティーヴン・パイファーによれば、ここで米国が約束したのは安全の「保証（assurance）」であって、実際に軍隊を派遣することを意味する「保障（guarantee）」ではなかったからだという。しかもウクライナはその後、「保証」の中身について米国と突っ込んだ協議を行わなかったため、米国はロシアのあからさまな侵略に対して明確な対応を行わなかったのだ、というのがパイファーの説明である（Pifer, 2019.12.5.）。

これはこれで米国の外交政策として首尾が一貫しているのだろうが、ウクライナにしてみれば、曖昧な「保証」など何の役にも立たないという感覚が生じるのは当然であろう。第4回交渉において、ウクライナ側が guarantee に相当する гарантия（ガランティヤ）の語を用い、保障国による軍隊の派遣も盛り込んだのはこのためであろう。ただ、この場合は結局、軍事同盟との違いは曖昧になり、ウクライナが約束する「中立」とは何なのかという点が必然的に問題となってくる。おそらくはＮＡＴＯには加盟しない、というのがここで意味されていることなのだろうが、ＮＡＴＯでなければロシアが納得するのかどうかはまた別問題であるからだ。

このように、多くの問題を孕んだ第4回交渉ではあったが、重要なのはロシア側がこれを一概に否定しなかったことである。ロシアの交渉団を率いるウラジミール・メディンスキー大統領補佐官はウクライナ側の提案を「検討する」と述べ、本国へ持ち帰る意向を示した。

また、前述のアラハミヤが述べるように、ウクライナの示した合意案には「中立化」の文言はあっても、「非武装化」は含まれていなかったことも注目に値しよう。アラハミヤは、ウクライナは非武装中立になるのではなく、イスラエルやスイスのように独自の軍隊と動員予備力を持った重武装中立国を目指すと強調しており（Лелич, 2022.3.30.）、仮にロシアがこの点を呑むならば、やはり一定の進展と見なすことができたはずである。

第4回交渉で特筆される最後の点は、議題の中に「非ナチ化」（プーチンが2月24日のビデオ演説で述べたもの）が含まれなかったことである。これもまた、ロシアがゼレンシキー政権の退陣とそれに続く傀儡政権の樹立という目標を後退させたことを示すように見えた。

†西側の大規模軍事援助

西側の姿勢も変化し始めていた。イスタンブールでの第4回交渉に先立つ3月24日、ブリュッセルではNATOの緊急首脳会合が開催され、「サイバー安全保障、化学・生物・放射線・核兵器による攻撃への対処を含めた支援を強化すること」が決定された。当時、懸念が高まっていたロシアの大量破壊兵器使用を念頭に置いたものであろう。

また、この会合では、ロシアが実際に生物・化学兵器使用に及んだ場合には、「深刻な結果」を招くという踏み込んだ宣言がなされた。その意味するところは明らかでないが、ロシアの航空機が化学爆弾を投下するような場合には飛行禁止区域（NFZ）をウクライナ上空に設定するのではないか、という観測（Hooker, Jr., 2022. 3. 18.）はその一つの候補となりうるだろう。

米国内では、人道援助の実施、電子戦システム、無人機、防空システムの提供、ウクライナ国内に軍事援助物資を直接空輸することまでを効果とリスクの天秤にかけた分析も行われていた（Wetzel and Pavel, 2022. 3. 9.）。いずれにしても、この時点では西側諸国もウクライナが早期に組織的戦闘力を失うだろうとは見なくなっており、どこまでならロシアと西側の直接衝突に至らずして侵略への抵抗を支援できるかへと論点が移っていたことがわかる。

さらに決定的であったのは、3月31日にロンドンで開催された「ウクライナ防衛のための国際ドナー国会合（ＩＤＤＣＵ）」の第2回会合である。英国のベン・ウォレス国防相が明らかにしたところによると、この会合では、ウクライナに対して防空システム、沿岸防衛システム、長距離火砲、対砲兵システム、装甲車両、より広範な訓練と兵站《へいたん》支援を提供することが決定された。これらは、ウクライナ軍が正規軍として戦い続けるために必要とされるものであり、西側諸国の援助方針が大きく変化したことを示していた。

実際、この会合以降、ウクライナは従来の歩兵携行型兵器に加え、重装備を受け取り始めた。提供国の主力となったのはやはり米国で、Ｍ７７７榴弾砲、スイッチブレードなどの各種無人機、Ｍ１１３装甲兵員輸送車などがこの頃からウクライナ軍に供与されていった。ＮＡＴＯの旧東側諸国が、自国が保有するＴ-72戦車やＳ-３００Ｖ防空システムといった旧ソ連製装備を供与し始めたのもこの頃からである。

†振り出しに戻った停戦交渉

しかし、ウクライナの抵抗が大国の態度を抜本的に変えたかと言えばそうではなかった。まずはロシア側から見ていこう。イスタンブールでの第4回停戦交渉で一応の論点出しがなされたことは既に述べたが、その後、ロシア側からは目立った反応が見られなかった。つまり、メディンスキーが持ち帰ったウクライナ側の提案にプーチンがどのように反応したのかが明らかでなかったのである。

これは特に意外なことではなかった。プーチンの根本的な動機がウクライナの独立を否定することであるとした場合、ウクライナが大国の保障の下に独自の軍事力を保有して重武装中立を貫くという結末に同人が満足したとは到底思われない。イスタンブールで第4回停戦交渉が行われる直前、プーチンが戦争終結に向けて妥協するつもりはないようだ、という米国政府高官の発言が伝えられていたことからも、この点は予期された。

しかも、停戦交渉は行き詰まりを迎えていた。最大の要因として挙げられるのは、キーウ北西部のブチャで、ロシア軍が行った大規模な虐殺（後述）が4月に入ってから明らかになったことであろう。これによってウクライナの世論は一挙に硬化し、国際的にもロシアに対する非難の空気がさらに強まった。

一方、ロシア側は、交渉の行き詰まりはウクライナ側が交渉条件を一方的に厳しくしたためであると説明している。ロシアのラヴロフ外相によれば、①第4回交渉で提起された諸外国の安全保障の対象となる地域にクリミアとドンバスを含めること、②ウクライナでの軍事演習には全ての保障国の合意を必要とするとの条項を変更すること（詳細は不明）、③クリミアとドンバスの地位に関する問題を大統領同士の直接会談で協議すること、といったあたりが主な内容であったようだ。

当然のことながら、ラヴロフは、「彼らの考えは理解したが、受け入れられない」と述べ、4月12日にはプーチンも、「交渉は一定の合意に達していたのに、ウクライナ側が態度を変えたので振り出しに戻ってしまった」と厳しい反応を示した。果たしてプーチンの言葉通り、4月に予定されていた第5回の停戦交渉は開催の目処《めど》が立たず、4月1日にはオンライン形式での対話が持たれたが、その後は目立った進展がないままに立ち消えとなっている。

さらに5月9日、恒例の対独戦勝記念軍事パレードに臨んだプーチンは、ゼレンシキー政権を「米国のパートナー」、「ネオナチ」と呼び、今回の戦争は（ドンバス地方へのウクライナの侵略に対する）「先制的抵抗」であったと述べた。ウクライナへの安全保障や中立化の約束によって戦争を停められるのではないか、との期待はここで完全に否定されたと言ってよいだろう。プーチンの言葉通り、全ては「振り出しに戻ってしまった」。

†ブチャ

ここで、停戦交渉の行き詰まりをもたらしたブチャでの出来事について簡単に述べておきたい。

前述した3月25日のロシア軍撤退表明後、ブチャを奪還したウクライナ軍が目にしたのは、酸鼻《さんび》を極める虐殺の痕《あと》であった。後ろ手に縛られた拷問の跡だらけの遺体、性的暴行を受けたとおぼしき裸の女性の遺体、下水溝に投げ込まれた遺体——街は陰惨な姿の遺体で埋め尽くされ、中心部の教会や町のはずれには集団墓地が作られていた。いずれも、ロシアによる戦争犯罪の明白な証拠であった（図2）。

国際社会はともかくとして、筆者自身がこの光景にショックを受けたといえばナイーヴとの謗《そし》りは免れまい。二度のチェチェン戦争でロシア軍がどれほどの非人道行為を働いたか、2015年に始まったシリアへの軍事介入でロシア航空宇宙軍の無差別爆撃がどれほどの殺戮《さつりく》をもたらしたかを、ロシア軍事研究を生業《なりわい》とする筆者はよく知っていたからである。2月以降のウクライナに対する侵略においても、ロシア軍は全く容赦することなく市街地に無差別砲爆撃を加えてきた。

図2　衛星写真が捉えた、ブチャの教会のはずれに作られた集団墓地（©Maxar/Getty）

それでも、この情景はやはりショッキングであった。しかも殺害されたブチャの住民たちは、戦闘の巻き添えになったわけではない。のちにジャーナリストたちが明らかにしているように、ブチャの占領自体はほぼ無血で行われたものの、虐殺、性的暴行、略奪はその後に始まったのである。そこには何の軍事的合理性もなかった。

全くの言いがかり、酔った兵士の狼藉《ろうぜき》、ただの気まぐれによって人々は暴行され、犯され、殺されていった（真野・三木、２０２２年５月５日、国末・竹花、２０２２年４月14日）。さらに占領部隊の中にはＦＳＢも加わっており、ウクライナ軍に協力していると見なした人々を組織的に拷問・処刑していたこともわかっている（Peuchot, 2022. 4. 5.）。

今回の戦争に関しては「ウクライナを無垢《むく》の

絶対的善として描くだけでよいのか、ロシアは絶対悪なのか」といった議論が度々提起されてきた。この主張を、筆者は一概に否定するものではない。

第1章で描いたように、ゼレンシキーは正義のヒーローではないし、ウクライナという国家自体も深刻な腐敗など多くの問題を抱えている。また、ウクライナ軍も戦争犯罪（捕虜の虐待やこれを晒し者にすることなど）や住民の巻き添え被害とは無縁ではなく、これらの点はそれぞれに検証され、批判の対象とされるべきだろう。

しかし、ブチャやその他多くの占領地域（ロシア軍の戦争犯罪はブチャに限られたものではなく、むしろ氷山の一角であった）における振る舞いは、どう考えても「悪」と呼ぶほかないだろう。さらに言えば、今回の戦争はロシアによるウクライナへの侵略戦争であり、この点においてもロシアは明確に国際的な規範を犯している。これらの点を無視して、ロシアにもウクライナにも同程度に非がある、と論じるならば、それは客観性を装った悪しき相対主義でしかないのではないか。また、相対的に論じるというのなら、戦争犯罪や腐敗がより深刻なのはロシアであるが、これらの事情を以ってロシアが外国の軍事侵攻を受けてもしかたないのだということにはなるまい。

ちなみに、ブチャの虐殺を、ロシア政府は「挑発」と呼んでいる（例えば前述したプーチンの4月12日発言）。つまり、虐殺や拷問や性的暴行はウクライナ軍がブチャを奪還した

「後」に起こった出来事であり、ロシアに罪を着せるために仕組まれたものだという主張である。

だが、ブチャ事件が明るみに出た後、米国の衛星画像サービス企業Maxarが同地上空の衛星画像を公開し、路上の遺体や集団墓地はロシア軍占領当時に出現したことを暴露した。宇宙からの眼を現地住民の証言と照らし合わせて考えるならば、ロシア側の主張には全く信憑性がないことは明らかであろう。

4　東部をめぐる攻防

†ロシアによる核の威嚇

ウクライナの抵抗によっても大国の態度が根本的には変わらなかった、という点に話を戻そう。

前述したように、西側からウクライナへの軍事援助は4月以降に大規模化したが、それはあくまでも当面、ウクライナの敗北を防ぐための制限付きのものであった。ウクライナが航空優勢を奪取するために必要な戦闘機、西側製の高性能戦車、ロシア軍の後方拠点を打撃できる長距離ミサイルなどの供与には、西側は依然として二の足を踏んでいた。

ようやく供与されるようになった榴弾砲や装甲車の数も決して十分とは言えず、ウクライナ側はロシア軍の圧倒的な火力に対して劣勢のままであった。こうした態度にゼレンシキーは苛立ちを募らせ、3月のNATO緊急首脳会合では「加盟国が持っている航空機と戦車の1%でいいから送ってほしい」と訴えている。

その背景にあったのは、ロシアとの決定的なエスカレーション——つまり、核兵器の使用を含む西側とロシアとの全面戦争は避けなければならないという、それはそれとして否定し難い懸念であった。マーク・ミリー統合参謀本部議長が述べているとおり、ロシア軍の再集結が始まった当時から、米国の関心は「第三次世界大戦に至らずしてロシアの行動を阻止すること」だったのであって、この原則は開戦後も変化していなかった。

開戦から約5カ月を経た7月22日、国家安全保障問題担当のジェイク・サリバン大統領補佐官が「ウクライナは支えなければいけないが、第三次世界大戦に転落していくような状況も避けねばならない」と述べたことはその好例と言える。

欧州側の状況も似たり寄ったりであった。例えばポーランドは開戦後、自国の保有するソ連製のMiG-29戦闘機をウクライナに供与することを検討し始めたが、その実施に際しては一度、米国を経由するという方法に固執した。自国からウクライナへ戦闘機を直接手わたせばロシアを刺激することを恐れたのだと思われるが、この点は米国も同様であり、バイデン政権は「リスクが高過ぎる」として結局、供与を取りやめた。

ロシア側もこの点を巧みに突いた。開戦直前にロシアが行った戦略核部隊大演習の意味については既に述べたが（第2章「「虐殺」発言と膨れあがるロシア軍」を参照）、開戦直後の2月27日には、戦略核部隊を「特別警戒態勢」につけるようにとの命令をプーチンが発した。「特別警戒態勢」の意味するところははっきりしないものの、ウクライナへの侵攻に西側が手を出せば破滅につながる、というメッセージであったのは明らかだろう。

翌3月12日には、外務省のリャプコフ次官が「西側によるウクライナ向け軍事援助は危険で状況を複雑化させる」と述べた上で、「（武器を運ぶ）車列も合法的な攻撃目標になる」と警告。その直後には、ポーランドに近いウクライナ西部の街ヤボリウの郊外が巡航ミサイルによる集中的な攻撃を受けた。

ヤボリウには国際平和維持・安全保障センター（IPSC）と呼ばれる施設が置かれており、戦争が始まる前まではNATOが「平和のためのパートナーシップ（PfP）」の枠組み内でウクライナ軍の訓練が行われていたほか、開戦後には西側から援助された兵器の操作トレーニングにも使用されていたという。基本的にはただ演習場が広がっているだけのヤボリウ駐屯地が、「2ダース以上」にも及ぶ集中ミサイル攻撃を受けたのは、そこが

NATOとウクライナの軍事協力のシンボルと見なされたためであると思われる。

その後も、こうした発言はロシアの外交・防衛当局から度々なされており、仮にブラフであったとしても、西側の疑心暗鬼を強める効果はたしかにあっただろう。

†「武器が足りない!」

もちろん、西側の軍事援助に意味がなかったわけではない。再び米国を例に取ると、4月から7月末までの間に米国が供与した兵器は、M777榴弾砲126門(砲弾41万1000発)、ジャヴェリン対戦車ミサイル6500発以上、スイッチブレード及びフェニックス・ゴースト無人機各700機、ハープーン地対艦ミサイル発射機2基、小火器用弾薬5900万発……などそれなりの規模にのぼっていた。こうした援助がなければ、ウクライナ軍が戦場でさらに劣勢に立たされていたことはおそらくほぼ確実であろう。

また、西側の支援は、目に見えない範囲にも及んでいた可能性が高い。例えばウクライナ軍は4月13日、ロシア海軍黒海艦隊の旗艦である巡洋艦モスクワを対艦ミサイルで撃沈しているが、沿岸から100km以上離れた場所を航行する艦艇を発見・追跡する能力を当時のウクライナ軍は有していなかった。

とすると、この作戦には西側諸国が何らかの形で情報・監視・偵察(ISR)能力を提供していたと考えられよう。おそらくは西側の哨戒機《しょうかいき》が捕捉したモスクワの位置をウクライナ軍に伝達していたのだと思われる。この事件後、黒海上のロシア艦隊はウクライナ沿岸に接近することができなくなり、ウクライナ側は沿岸防衛（特に要衝オデーサ防衛）のために貼り付けていた兵力を他の正面へと転用することが可能となったから、その意義は少なからぬものがあった。

逆に言えば、これだけの軍事援助を受けてもなお、ウクライナ軍はロシアに対する劣勢を完全には覆せなかったわけである。こうした中の6月16日、ヴォロディミル・ポドリャク大統領府顧問は、「ロシアと軍事力で対等に立つ」ためには、155ミリ榴弾砲1000門、多連装ロケット・システム300基、戦車500両、その他の装甲車両2000両、無人機1000機が必要だとTwitter上で主張した。

ポドリャクがどこまで本気でこれらの数字を上げているのかは不明だが、要は現状と比べ物にならないほど多数の兵器がなければ押し切られてしまう、ということであろう。しかし、西側が実際にウクライナに供与する兵器の規模は、ポドリャクの要求に到底及ばなかった。西側にとって、ロシアとの直接衝突というエスカレーション・リスクは、それだけ無視し得ないものだった、とも言える。

†マリウポリの陥落とルハンシクの完全制圧

こうした中で、ロシアが宣言した「東部解放」はある程度の成果を上げていった。斬首作戦による電撃的勝利（プランA）と大規模全面侵攻（プランB）は相次いで失敗に終わったものの、限定された地理的範囲への集中的な侵攻（つまりプランC）を選択したことで、ようやく作戦が軌道に乗り始めたのである。

特に国際的な注目を集めたのは、南東部の都市マリウポリの陥落であった。アゾフ海に臨むこの工業都市に対する攻略作戦は開戦直後から開始され、4月半ばには市の中心部がロシア軍に制圧されていた。

ここでロシア軍が用いた手法は第二次チェチェン戦争やシリアに対する軍事作戦と同じ無差別砲爆撃であり、住宅地、病院、子供たちが避難していた劇場などが容赦なく攻撃対象とされた。第36海軍歩兵旅団と内務省国家親衛軍のアゾフ連隊を中心とするウクライナ側守備隊は市の南部にあるアゾフスタリ製鉄所に立てこもって抵抗を続けたが、5月16日には全員がロシア軍に投降することを余儀なくされた（図3）。

マリウポリの陥落は、二つの意味でロシア軍にとって大きな意義を持っていた。その第一は、2014年にロシアが強制併合したクリミアと東部のドンバス地方を結ぶ回廊が完

図3　マリウポリ南部のアゾフスタリ製鉄所が抵抗の拠点となった（©ロイター／アフロ）

成したことである。これにより、ロシア軍はクリミア半島につながる兵站線を確保し、南部と東部の間で兵力を融通できるという戦略上の柔軟性を手に入れた。

第二に、マリウポリの攻略戦には最大で1万4000人ほどの兵力が投入されたとされるが、開戦前になされたバイデンの発言を信じるなら、これは侵攻兵力の1割弱に相当していた。マリウポリ守備隊は比較的少数の兵力でこれだけのロシア軍部隊を拘束していたことになり、ロシア側から見れば、同市の陥落によって他の戦域に投入できる戦力の余裕ができたことになる。

マリウポリの北側にあたるドンバス地方でも、ロシア軍は支配領域を広げていった。ロシア軍は3月のうちにハルキウ州の都市イジュームをほぼ制圧し、拠点としてドネツィク州の主要都市攻略を狙ったが、5月初頭にはルハンシク州のポパスナが陥落したことでここに弾みが付いた。ポパスナはドネツ丘陵の高台に位置する都市であり、これによってドンバス地方を守るウクライナ軍の補給線を火砲の射程に収めることが可能になったからである。

事態を重く見たウクライナ軍はイジュームとポパスナに挟まれたセヴェロドネツクを防衛するためにかなりの兵力をここに投入したが、結局はロシア軍の激しい攻撃によって後退を余儀なくされ、その直後には同市の西隣にあるリシチャンシクも陥落した。これを受けて7月4日、ショイグ国防相は、「ルハンシク州の完全解放」をプーチン大統領に報告している。

となると、次はドネツィク州の完全制圧へとロシアが駒を進めるのは時間の問題であろう。実際、ショイグの報告を受けたプーチンは、ルハンシク制圧に功のあった中央・南部部隊集団（中央軍管区及び南部軍管区を中心に編成された侵攻部隊）に休息と再編成を命じる一方、東部・中央部隊集団（同じく東部軍管区と南部軍管区の部隊）に対しては「引き続き計画通りに任務を進めるように」と述べている。3月25日にルツコイ第一副参謀総長が述べた、「東部解放への集中」という目標は、この頃に至って不気味な現実味を帯び始めていた。

†ロシア軍の成功要因

ロシアのドンバス攻勢が一定の成果を上げた要因は、いくつか挙げられる。

第一に、ドンバス地方はロシア軍にとっては比較的戦いやすい土地であった。本書でも幾度か触れた大隊戦術グループ（ＢＴＧ）という戦闘単位は、２０００年代末の軍改革で採用されたものであるが、これは大隊（通常は自動車化歩兵中隊3個基幹）に戦車中隊、砲兵中隊、多連装ロケット・システム中隊などを付属させた小型の諸兵科連合部隊を意味している（Grau and Bartles, 2022.2.14.）。

このように、ＢＴＧは小型ながらかなりの火力を有する戦闘単位であって、ドンバスの比較的開けた地形ではロシア軍が優位に立てる可能性はもともと高かった。森林や湿地に阻まれてキーウ攻略に苦戦したロシア軍が、東部を新たな主戦場に選んだのは、軍事的に見て合理性の高い選択であったと言える。ここにおいてロシア軍は1日に平均2万発という凄まじい砲撃戦を展開し、対するウクライナ側では毎日１００～２００人が戦死するというあまりの損害に戦闘を拒否する部隊も出るようになった。

第二に、ドンバス地方は、兵站が比較的行いやすい場所であった。この戦争の前から、軍事専門家たちはＢＴＧの持つ補給段列（兵站部隊）が弱体であるために長駆侵攻《ちょうくしんこう》（特に兵站の動脈である鉄道幹線から遠く離れた地域への侵攻）に問題があることを繰り返し指摘しており（Raghavan, 2022. 5. 26.; Vershinin, 2021. 11. 23.; Fiore, Spring 2017）、キーウ攻略では実際にこの弱点が露呈していた（Berkowitz and Galocha, 2022. 3. 30.; Kumar, 2022. 3. 28.）。これに対して、ドンバスはロシア本土から近く、特に前述のイジュームとポパスナにはＢＴＧの命綱とも言える鉄道幹線が通っている。兵站上の不利をある程度補う条件を備えていたのが、ドンバスが選ばれたもう一つの理由であろう。

第三に、「東部解放への集中」にあたって、ロシア軍は指揮統制系統を刷新していた。前述のように、ロシア軍は各軍管区から抽出された部隊集団をウクライナへと投入していたが、当初は部隊集団間の関係性は曖昧であり、モスクワの参謀本部作戦総局がそれぞれを個別に指揮統制していたと見られる。当初の目論見どおり、ゼレンシキー政権が早々に崩壊し、各地のウクライナ軍も有力な抵抗を行わないとすればそれでも問題なかったのだろうが、ドンバスで真っ向勝負を挑むとすれば不都合が生じるのは明らかであった。

そこでロシア軍は4月初頭、南部軍管区司令官のアレクサンドル・ドヴォルニコフ上級大将を各部隊集団の統轄司令官に任命し、指揮統制系統を一元化したと見られている。

ドヴォルニコフは２０１５年に始まったシリアへの軍事介入で現地部隊の初代指揮官を務め、陸軍軍人でありながら空軍部隊を指揮するという異色の経験を持っていたほか、南部軍管区司令官として訓練の改善に取り組み、特に下級指揮官に対する権限委譲によって柔軟な作戦能力を実現しようとした有能な司令官として知られていた（Bartles, 2022.6.9.）。また、同人は各軍管区（部隊集団）司令官の中でも最も階級が高かったから、現場で戦う部隊同士の調整に睨みが効くと期待されたのであろう。

ドヴォルニコフの任命が実際にどれだけの効果を及ぼしたのかは現在に至るもはっきりしないが、これに続くルハンシク制圧を達成するにあたり、全く無関係ではなかったと思われる。

第 4 章

転機を迎える 第二次ロシア・ウクライナ戦争

2022年8月〜

国連安保理の緊急会合で演説するウクライナのゼレンシキー大統領(©AP/アフロ)

1　綻びるロシアの戦争指導

†軍への不信を強めるプーチン

しかし、プランCが一定の成功を収める背後で、ロシアの戦争指導には綻びが見え始めていた。その一つの兆候が、前述のドヴォルニコフが5月半ば以降、公の場に姿を現さなくなったことである。

この件について最初に報じた『ニューヨーク・タイムズ』の記事によると、ドヴォルニコフは空陸の連携や下級指揮官への権限委譲といった自らの持論をウクライナ侵攻部隊全体に広め、戦い方を改めようとしたものの、ソ連軍以来の縦割りカルチャーに阻まれてあまりうまくいかなかったという。また、ドヴォルニコフは戦略家としては優れているが、用兵(軍隊の運用)という点ではあまり有能と言えず、しかも過剰な飲酒癖があったために周囲の信頼はあまり篤《あつ》くなかったという説もある。

さらに言えば、ドヴォルニコフは依然として南部部隊集団の指揮という責任を負う立場でもあったから、果たして複数の部隊集団を指揮するだけの余裕があるのかどうか、という疑問もあった。

こうした中で6月初頭には、ドヴォルニコフが統轄司令官の任を解かれ、政治・軍事担当国防次官のゲンナジー・ジトコ大将が後任になったという説が浮上してきた。ジトコは元東部軍管区司令官として大規模な部隊運用の経験を持っており、また、この時点では特定の軍管区を任されているわけでもなかったから、適任といえよう。

ここで前述した7月4日のショイグとプーチンの会談に立ち戻ると、興味深い点が見えてくる。この際、ショイグは、南部部隊集団の指揮官はスロヴィキン上級大将（前航空宇宙軍総司令官）であると述べていた。つまり、ドヴォルニコフは統轄司令官としての地位だけでなく南部部隊集団司令官からも解任されていたことが公式に確認された、というのがここから読み取れる第一点である（ただし、英国防省は後に、ドヴォルニコフが8月までは統轄司令官の地位にあったという評価を示している）。

第二に、ショイグの報告に対してプーチンは次のように答えていた。「今日、彼ら（部隊集団司令官）は与えられた任務の進捗状況と侵攻作戦の展開に関する提案を私に報告」しており、「国防省も参謀本部も現場の指揮官の提案を考慮している」というのである。とすると、どうも統轄司令官が複数の部隊集団を指揮するという4月以来の体制は放棄され、再び各軍管区（部隊集団）指揮官が直接モスクワと連絡を取り合いながら作戦を進める体制が再開されたように見える。しかも、プーチンの口ぶりからすると、ここでいう「モスクワ」には参謀本部だけでなく、プーチン個人が含まれているようでもあった。

プーチンが作戦レベルとか、場合によっては戦術レベルの運用にまで口を出しているのではないかという観測は5月段階から存在していた(Sabbagh, 2022.5.16)。同人にしてみれば軍が不甲斐ないので陣頭指揮に乗り出したということなのかもしれないが、これは多くの戦争を失敗に導いてきたマイクロ・マネージメントそのものである。つまり、最高司令官が現場の細かいことにまで介入してかえって混乱をまねいたのではないかということだ。

真相ははっきりしないものの、プランAが過度に楽観的な見通しに立脚していたこと、プランBのキーウ攻略でロシア軍が兵站《へいたん》に苦しんだこと(キーウを攻めれば兵站が逼迫《ひっぱく》することはロシア軍自身が承知していたはずである)などを考えると、当初からロシアの戦争指導がプーチンのマイクロ・マネージメントに振り回されてきた可能性は排除できないだろう。

プランCがドンバスを主戦場として設定したこと、ここに統轄司令官を置くことなどは戦争指導に関してより軍事的合理性を重視する動きであったようにも見えるが、以上の見立てが正しければ、それは長続きしなかったようだ。

こうしてみると、米国防総省でウクライナ・ロシア問題を担当していたエヴェリン・ハルカスが5月末の時点で次のように述べていたことは示唆的である。「もし大統領に目標選定や作戦レベルの軍事的決定への口出しを許すなら、それは大惨事のレシピということになる」――ドンバスにおける成功の背景で、ロシア軍は、最高司令官のマイクロ・マネージメントという爆弾を抱え込んでいた。

†将軍たちの失脚

さらに5月12日、ウクライナのオレクシー・アレストヴィチ大統領府顧問は、ロシアのゲラシモフ参謀総長がプーチン大統領の信頼を失って事実上、失脚したとインターネット番組で述べた（*ФЕЙГИН LIVE*, 2022. 5. 12.）。アレストヴィチは、ゲラシモフは形式上、まだ解任されておらず、もう一度チャンスを与えられる可能性もあると述べているが、戦争の最中に制服組トップを指揮系統から外すというのは相当のことであろう。

実際、これに先立つ5月9日の対ドイツ戦勝記念パレードにゲラシモフは姿を見せていなかったから、この説はあり得ないことではないと思われた。ロシア軍にとって最高の晴れ舞台に参謀総長が欠席するというのは、全く異例のことだったからである。

ただし、ゲラシモフは4月にイジュームを視察した際、ウクライナ軍の砲撃で脚を負傷したとも伝えられていたので、人前に姿を現せなかっただけ、という可能性もないではない。また、その後、ゲラシモフは度々公の場に顔を出しているので、少なくとも完全には失脚しなかった（あるいはルハンシク完全制圧によってプーチンから与えられた「チャンス」をものにした）のかもしれない。

しかし、何人かの将軍たちはゲラシモフほど幸運ではなかった。6月には空挺部隊（VDV）司令官のアンドレイ・セルジュコフ司令官が罷免《ひめん》されたほか、8月には黒海艦隊のイーゴリ・オシポフ司令官が罷免されるなど、プーチンは戦争中にもかかわらずロシア軍の高官たちの首を頻繁にすげ替えている。「大惨事」とまで言えるかどうかは別として、プーチンが軍の態勢にかなり頻繁に口を出していたことがここからはうかがわれよう。

†情報機関との軋轢

さらに、軋轢はプーチンと情報機関との関係にも及んでいたと見られる。

FSB第5局が開戦前から多数の内通者をウクライナ内部に獲得し、彼らにロシア軍侵攻の手引きを担わせるつもりであったことは本章の冒頭で見たとおりである。また、やはりここで述べたように、彼らの多くはあまりアテにならない存在であり、開戦と同時に散り散りになってしまった。

しかも、第5局はこの事実に薄々気づいていたものの、プーチンに対しては楽観的な予測ばかりを上げていたらしい。ボロガンとソルダートフが開戦2週間目の段階で早くも報じていたところによると、第5局がいい加減な情報ばかりを報告していたことに気づいたプーチンは、同局の長であったセルゲイ・ベセダFSB大将を自宅軟禁下に置いたという(Borogan and Soldatov, 2022. 3. 11.)。

さらにその1カ月後には、第5局の職員150名が罷免されたこと、ベセダが政治犯収容所として知られるレフォルトヴォ刑務所へ移送されたことなどが英紙『タイムズ』によって報じられた(Ball, 2022. 4. 11.)。また、このうちの何人かは逮捕され、さらに外国のジャーナリストと接触していた職員の家宅捜索を20カ所以上で行ったとも『タイムズ』は述べている。

プーチンが本当に第5局の情報を頭から信じて判断を誤ったのか、それとも「そういうこと」にしてプランA失敗の責任を押し付けようとしたのかははっきりしない(その両方という可能性もある)。ただ、3月初頭の段階では当初の構想が破綻していたことは誰の目にも明らかだった、ということはここから言えそうである。

ちなみに、レフォルトヴォに送られたベセダはその後、解放されたという情報がある。4月末、KGBの退役将軍の葬儀にベセダが姿を見せて、その場で現役の第5局長として紹介されたという。また、この情報に接したボロガンとソルダートフがFSB内の情報源にあたったところ、ベセダが第5局長の執務室にいるところを見た人物がいたというから、

図4　米国から供与された高機動ロケット砲システム HIMARS（©ロイター／アフロ）

真相はますますよくわからなくなってくる。

ただ、ベセダは完全に名誉を回復されたというわけではなかったようだ。ボロガンとソルダートフによれば、ベセダが解放されたのはプランAの失敗を国民に対して認めたくなかったからに過ぎず、プーチンは「何も起こらなかったふり」をするというKGB流の隠蔽工作を図ったというのである。したがって、ベセダが職務に復帰した後もプーチンはもはや第5局を信用せず、代わって参謀本部情報総局（GRU）のアレクセーエフ第一副総局長がウクライナに関する諜報の中心に据えられたというのが両名の見立てであった。

なお、アレクセーエフについては第3章でも一度触れた。ウクライナの有力政治家デルカチに民間警備会社を作らせてロシア軍侵攻の手引きをさせるという同人の計画はあまりうまくいったように見えないが、ライバルというべきベセダの失脚によって相対的に株が上がったということになろう。

2　ウクライナの巻き返し

†HIMARSがもたらしたロシアの攻勢限界

大統領の口出しと不信に晒されながら続けられてきた「特別軍事作戦」は、夏頃についに限界を迎えた。ルハンシク制圧をピークとしてロシア軍の攻勢は再び停滞し、大きな前進が見られなくなったのである。ここで大きな役割を果たしたのは、米国がウクライナに供与した高機動ロケット砲システム（HIMARS）であった（図4）。

HIMARSの形式名はM142といい、車輪を備えた装軌式プラットフォーム（平たく言えばトラック）の荷台に精密誘導の可能な小型ミサイル発射機を載せたものである。米国は6月に入ってからこのシステムを4両だけ、ウクライナ軍に供与した。

たった4両ではあるのだが、米国のバイデン政権内では、この決定をめぐってかなりの逡巡があったようだ。M142HIMARSからは、射程80kmのM30／31から射程300

kmのATACMSに至るまで様々なミサイルを発射できる。したがって、ウクライナ軍にあまり長射程のものをわたしてこれがロシア領に撃ち込まれた場合、恐れられていた「第三次世界大戦」に発展するのではないか――というのが米国の懸念であったようだ。

実際、バイデンは5月末の段階で「ロシア領内まで届くロケット・システムは供与しない」と明言し、一度は軍事援助物資のリストに入っていたHIMARSの供与取り消しを示唆している。

結局、バイデンはその直後に『ニューヨーク・タイムズ』に寄せた論説で軌道を修正し、「ウ、ク、ラ、イ、ナ、の、戦、場、で重要な目標を正確に攻撃できるよう、従来よりも高度なロケット・システムと弾薬を供与する」方針を表明した（Biden Jr. 2022.5.31.）。ここでポイントとなるのは筆者が傍点を打った部分であり、つまりHIMARSは供与するが、ロシア領内まで届くようなミサイルはそこに載せない、ということである。果たして、6月に入ってからウクライナに供与された4両のHIMARSには、最も射程の短いミサイル（M30／31）だけが搭載された。

しかし、繰り返すならば、たった4両である。その後、HIMARSの供与数はやや拡大されて20両に達し、同じロケット発射機を2基搭載したM270多連装ロケットシステム（MLRS）も欧州諸国から供与されたが、やはりそう大きな数ではない。これだけで一体どれほどの効果があるのか――と当時の筆者は考えたが、これらのシステムが実際に発揮した影響力は絶大なものであった。

ウクライナ軍は、HIMARSやMLRSをロシア軍の弾薬集積所や燃料集積所、橋などの攻撃に用いたからである。弾薬自体を破壊したり、それらを戦場に送り届けるためのルートを妨害することでロシア軍の弱み（兵站）をさらに圧迫し、同時に強み（火力）を発揮させないようにするという戦術であった。これらの打撃システムが供与されてから1カ月ほど後に米国防総省高官が述べたところによると、この間にウクライナ軍が破壊した弾薬集積所、長距離火砲陣地、指揮所、防空陣地、レーダー、通信結節点といった高価値目標は100カ所以上に及んだという（Lemon, 2022. 7. 22.）。

また、このような状況に陥ったロシア軍は弾薬集積所をHIMARSの射程圏外まで下げざるを得なくなり、兵站上の負担はさらに増すことになった。兵站に投入可能なトラックの数が変わらないとした場合、弾薬集積所が遠くなれば、前線に届く弾薬の数は指数関数的に減少する。この結果、前線における砲撃の頻度は目に見えて減少し、『キーウ・インディペンデント』はロシア軍の砲撃回数はピーク時の半分から3分の1にまで減少したと報じている（Ponomarenko, 2022. 8. 12.）。ゼレンシキーも、5月から6月には1日に100～200人に達していた戦死者が30人程度まで減少したと同時期のインタビューで明らかにした（Trofimov and Luxmoore, 2022. 7. 22.）。

ウクライナ軍がＨＩＭＡＲＳやＭＬＲＳを単なるロケット砲として扱い、前線のロシア軍部隊（戦力）への攻撃に投入していたなら、これほどの効果を発揮することはなかったはずである。だが、ウクライナはこれらのシステムが本質的に異なるものであることを理解していた。つまり、ロシア軍の戦力そのものではなく、戦力発揮を支える部分をターゲットにしなければならないということだ。

ちなみにレズニコウ国防相によると、ウクライナ軍がＨＩＭＡＲＳでイジュームのロシア軍航空作戦司令部を破壊した後、米国の人間からこんな言葉をかけられたという（Salama, 2022. 7. 10.）。

「君たちはテストに合格した」――一国の国防相に対して随分と上から目線の言種《いいぐさ》ではあるが、ウクライナ軍の戦い方が最大の後ろ盾である米国から一定の信頼を勝ち得たことは確かであろう。ＨＩＭＡＲＳやＭＬＲＳの供与数が徐々に増えていったのは、まさにウクライナが「テストに合格した」結果であって、これはロシア軍の攻勢を押しとどめる力を同国がついに手にしたことを意味していた。

†ウクライナが与えられるものと与えられないもの

もちろん、HIMARSもMLRSも魔法の杖ではない。これらの打撃システムが効果を発揮するためには戦線からかなり後方の地域に設けられた目標を発見し、その座標を正確に評定できなければならないから、ただミサイルだけを供与されても宝の持ち腐れである。しかも、ウクライナ軍は自前の偵察衛星を保有せず、偵察機もロシア軍の防空システムに阻まれて自由に活動できていなかったと思われる。

だが、自国領内で戦うウクライナ軍にとっては、ロシア軍が弾薬集積所などの高価値目標を置きそうな場所の見当をつけるのは比較的容易であったのかもしれない。場所の見当がついていれば、民間の衛星画像サービスでも目標を見つけ出すのは難しくないし、現地の住民から密告を受けたり、スパイや特殊部隊を潜り込ませて探し出すこともできるだろう。

しかも、弾薬集積所は軍隊のように迅速に位置を転換することができない。例えば7月にウクライナ軍がヘルソン州ノヴァカホウカのロシア軍弾薬集積所を破壊した際、英セントアンドルーズ大学のフィリップ・オブライエン教授は次のように述べている。

「ロシアは笑ってしまうほど簡単に特定できる場所に大きな補給拠点を置いていた。まさに、そこにあるだろうと思うような場所だった。ロシアは指揮系統の不全で対応できないのか、道路がないために実際に拠点を動かせないのか、どちらかだ」(『CNN.co.jp』2022

年7月21日）。

米国をはじめとする西側諸国がＩＳＲ支援を提供している可能性も見過ごせない。米国防総省も「彼ら（ウクライナ）が直面している脅威を理解し、ロシアの侵略から国を守るために役立つ詳細で急を要する情報を提供している」という婉曲な表現でこのことを認めており（*BBC*, 2022.8.2）、おそらくは衛星情報や偵察機の情報などをウクライナ側にわたしているのだと思われる。

その一方で、西側は、ウクライナに対する軍事援助を依然として制限し続けていた。ＨＩＭＡＲＳの供与は前述のように少数に留まり、これらに搭載するミサイルもやはり射程80kmのＭ30／31に限定されたままだったのである。開戦以降、度々問題となってきた戦闘機や西側製戦車の供与も、幾度か検討の俎上に載りはしたようだが、本書の執筆時点ではやはり供与が確認されていない。

仮にもっと多数のＨＩＭＡＲＳや、戦闘機や戦車を訓練とセットで大規模に提供した場合、ウクライナがロシア軍を占領地域から追い出して本格的な反攻に転じることは不可能ではないだろう。実際、ウクライナ側は春の段階からこうした大規模援助を求め続けてきたし、米国内でも「必要なだけの軍事・経済援助を与えてやればウクライナはロシアを倒せる」として、ウクライナへの思い切った軍事援助拡大を求める外交・安全保障コミュニティからの公開書簡が8月半ばに公開されていた(Cagan, Herbest and Vershbow, 2022. 8. 17.)。

この公開書簡の賛同者に名を連ねた一人、ベン・ホッジス元米欧州陸軍司令官は、「彼らがたった16(のHIMARS)で何を成し遂げたか見てください。そして彼らがその3倍か4倍(のHIMARS)を持っていたらと想像してみてください」と述べているが、現実はそうならなかった。つまり、ウクライナを勝たせる方法自体はわかっているのだが、西側はそこに踏み込むことを躊躇《ためら》い続けていた、ということになる(なお、この書簡にはホッジス以外にも、元NATO欧州連合軍最高司令官経験者のフィリップ・ブリードラブやウェズリー・クラークなど多くの米軍・国防総省関係者が名を連ねていた)。

その背景については今更述べるまでもあるまい。西側の対ウクライナ援助を思いとどまらせていたのは、これまで幾度も触れてきた西側の恐怖——ウクライナへの援助を戦争行為と見なしたロシアが戦争をNATO加盟国にまで拡大させるとか、核戦争に踏み切る可能性であった。「ウクライナが勝てるだけの支援」と「第三次世界大戦の回避」という二つの相反する要求の間で、西側は板挟みになっていたのである。

†主導権はついにウクライナへ

このあたりに入ってくると、戦争をめぐる情勢はほぼ現在進行形の事態となってくる。

それらの一々について述べても、本書が世に出る頃には情勢も大きく変わっていようから、いくつかの重要な点だけを指摘して第4章を閉じることにしよう。

最初に触れたいのは、2022年の夏以降、ウクライナが戦争の主導権を握り始めたということである。主導権というのは曖昧な言葉だが、ここでは仮に「いつ、どこで、どのように戦うのかを決定する力」と定義しておきたい。2022年の初夏までは、その力を握っていたのはロシア側であった。たとえ苦戦を重ねたとしても「いつ、どこで、どのように」は常にロシアが決めてきたのであり、それゆえにA、B、Cの各プランは「ロシアのプラン」だった(Clarke, 2022.5.8.)。この状況が続く限り、ウクライナは常に受け身に回らざるを得ず、終始ロシアに振り回され続けることは必定であっただろう。

そこでウクライナは7月頃から、南部のヘルソン州に兵力を集結させ始めた。この結果、ロシア軍はドンバスに展開させていた部隊のかなりの部分をヘルソン方面へ再配置せざるを得なくなったとされ、これはまさにウクライナが主導権を握った瞬間であった。

さらに8月9日には、ゼレンシキーがクリミアを武力で奪還すると示唆した。その直後には半島各地に大規模な攻撃(おそらくはミサイルや、半島内に潜入した特殊部隊によるドローン攻撃と思われるが、詳細は明らかでない)が相次いだため、ロシア軍は南方防衛へとさらに注力せざるを得ない状況に追い込まれた。

また、ウクライナ軍はこの頃から、米国製のAGM‐88高速対電波源ミサイル（HARM）を自国の戦闘機に搭載して戦場に投入するようになっていた。HARMはその名のとおり、敵の電波放射源（レーダーなど）を探知してそこに突っ込んでいくミサイルであり、主に敵防空システム制圧／破壊（SEAD／DEAD）任務に使用される。このミサイルが登場したことでロシア軍は多くの防空システムを失い、航空優勢の維持に困難が生じるようになった。

これは、HIMARSや通常の火砲が目標を発見したり、攻撃の効果を判定するために無人機や偵察機が戦線後方へ侵入しやすくなったこと、ロシア軍が地上部隊を支援するための攻撃ヘリコプターや攻撃機を活動させにくくなったことを意味していた。

決定打となったのは8月29日にウクライナ軍がヘルソン方面での大規模反攻に出たことである。ただ、ウクライナ側は当初から、これが「それほど迅速なプロセスではなく」、「敵を粉砕するためのゆっくりした作戦」であると説明しており、実際に戦線の状況は一進一退を繰り返していた。

これについては、一気呵成《かせい》に領土を奪還するのではなく、ロシア軍を消耗させようとするのがウクライナ側の戦略であろうとの説明が英国の専門家によってなされていたほか（Watling, 2022.9.2.）、この見方を裏付けるリーク記事（ウクライナは大幅な領土奪還を目論んだが、兵力不足を危惧する米側がより現実的な戦略に転換させたというもの）が米「ＣＮＮ」のサイトに掲載されていた（Lillis and Bertrand, 2022. 9. 1.）。したがって、これは本格反攻の条件を整えるための戦略的消耗戦なのであろうとの見通しを筆者自身もこの時点では持っていた。

しかし、のちの目で見れば、これはウクライナが国際メディアも巻き込んで展開した壮大なマスキロフカ（欺瞞作戦）であったと判断せざるを得ないだろう。この1週間ほど後、ウクライナ軍は北部のハルキウ正面で大規模な攻勢を開始し、ほんのわずかな期間でハルキウ州内のロシア軍を駆逐してしまったからである。さらにウクライナ軍は、ロシア軍が春以降にドンバス攻略の拠点としてきたイジュームとリマンを陥落させ、ロシア軍に大打撃を与えた。

3　動員をめぐって

†「我々はまだ何一つ本気を出していない」

以上が、本書の脱稿までに起きた事態のあらましである。誤算に次ぐ誤算に苦しみながらも初夏までは主導権を保っていたロシア軍が、秋にはついにウクライナに主導権を奪われるに至った――というのがその全体的な構図と言えよう。この先の展開については前述の理由で詳しく述べることを避けるが、ほぼ200日に及ぶ戦いはロシアを極めて苦しい立場に追い込んだ。

だが、ロシアがここからさらに形勢を再逆転させる方法がないわけではない。ハルキウで大敗北（と言ってもよいだろう）を喫する2カ月前、下院の各会派代表と会見したプーチン大統領は次のように述べていた。

「聞くところによると彼らは我々を戦場で敗北させようとしているようだ。やってもらおうではないか。西側はウクライナ人が「最後の一人まで」戦うと思っているらしい。これはウクライナ人にとって悲劇だが、どうやらそうなりつつある。しかし、我々はまだ何一つ本気を出していないと知るべきだ」

ここでプーチンの言う「本気」が何を意味するのかは明らかでないが、純軍事的に考えると、①暴力の規模を拡大すること（水平的エスカレーション）、②暴力の烈度を高めること（垂直的エスカレーション）の二つが考えられよう。つまり、「特別軍事作戦」という建前を捨てて公式に戦争を宣言し、総動員をかけて大規模な通常戦力でウクライナに侵攻するか、核兵器などの大量破壊兵器を使用するかのどちらかということである。

だが、ここでは次のような疑問が浮かんでくる。ロシアが水平的／垂直的エスカレーションの余地を残しているのだとして、それをこれまで行使してこなかったのはなぜか。夏以降に攻勢限界を迎え、ウクライナに主導権を奪われかけたロシアはどうして総動員をかけなかったのか。9月に東部で電撃的な奇襲を受け、総崩れといってもよいほどの損害を受けながら核兵器使用に踏み切れなかった理由は何なのか。これらの点は、戦争の今後を占う上で重要なファクターとなろう。

†プーチンの「ヴァイ……」

まずは水平的エスカレーションについて考えてみたい。

第3章で見たように、プーチンはウクライナへの侵略を「特別軍事作戦」と位置付けた。これはごく短期間で、かつほぼ無血のうちにウクライナを屈服させられるという見通しに基づいたものであったが、それが失敗に終わってからもプーチン政権はこの呼び方を変えていない。戦場には総延長2500㎞に及ぶ戦線が形成され、大規模な軍隊同士が激しい戦闘を繰り広げていることを考えると、どうにも奇妙だ。

実際、プーチンは自ら「戦争」という言葉を口にしかけたことがある。ロシア語で戦争は「ヴァイナー（война）」というが、3月8日の国際女性デー（旧ソ連では重要な祝日であり、奥さんや彼女を最大限もてなさないと酷《ひど》いことになる）を前に国営航空会社アエロフロートの女性職員と会見したプーチンは、ここで「ヴァイ……」と言いかけた。

そのすぐ後には「この作戦」と言い直したものの、これが限定的な「特別軍事作戦」などでないことは、開戦から2週間ほどの時点でプーチンも理解していたわけである。ベセダをはじめとするFSB第5局の粛清《しゅくせい》がその直後に始まっていたことを考えても、この点は明らかであろう。

どう見ても戦争が起きているにもかかわらず、そのことを認めようとしないという態度は、アントン・チェーホフの戯曲『桜の園』を思い起こさせる。没落した女地主ラネフスカヤは、現在の境遇を受け入れることができず、かつてと同様の贅沢な暮らしをやめようとしない。金を工面するためには桜の園を売るほかないが、その買い手に名乗りをあげているのが小作農出身のロパーヒンであることが気に入らず、決断することができずにいる……というところから始まる物語である。

かつての超大国にしてスラヴ世界の盟主であった過去を忘れられない現在のロシアをここに重ねることもできようが、戦場の現実を直視しようとせずに「特別軍事作戦」の名称にこだわるプーチンの姿にもまた、やはりラネフスカヤめいたものを感じざるを得ない。

にもかかわらず、プーチンはこの戦争を戦争であると公的に認めようとはしてこなかった。前述したアエロフロート職員たちとの会見でも、プーチンは戦時体制の導入を繰り返し否定し（「ヴァイ……」はこの時に出た）、5月9日の対ドイツ戦勝記念日にも（大方の予想を裏切って）総動員に踏み切らなかった。

†ロシアの動員態勢

技術的に言えば、ロシアが戦時体制を宣言して総動員をかけることは可能である。ロシアの法体系においては、大規模災害や大事故を念頭に置いた緊急事態（Чрезвычайное положение: ЧП）や大規模テロ事案の際に発動される対テロ作戦レジーム（Режим контртеррористической операции: КТО）と別に、戦時体制（Военное положение: ВП）という非常事態規定が存在している。

その詳細を定めたロシア連邦法「戦時体制について」によると、戦時体制下における市民は私有財産を供出する義務などに加え、軍事委員会から召集（戦時動員）を受けた場合にはこれに応じなければならず（第18条）、地方自治体や企業も戦争協力の責任を負う（第19条）。また、同法第2条には、戦時体制導入の条件として「ロシア連邦領土への侵略」だけでなく「ロシアの軍事部隊に対する場所を問わない攻撃」が挙げられているから、ウクライナ軍がロシア軍を激しく攻撃している現状をこれに当てはめることは不可能ではない。

さらに、戦時動員の詳細について定めたロシア連邦法「動員準備及び動員について」によると、大統領が動員を発令した場合、兵役中の市民は除隊を許されなくなり（第17条）、兵役を終えて予備役に移っていた市民も許可なしに居住地を離れることを禁止されて軍事委員会からの召集に備えねばならないとされている（第21条）。したがって、仮にプーチンが戦時体制と総動員を発令した場合には、一般市民を軍隊に召集して兵力を増強するとともに、平時は戦場に送ることができない徴兵（第3章を参照）も戦力としてカウントできることになろう。

もちろん、これらの戦時体制や動員は万一の大戦争に備えた古めかしいものと見なされてきたし、実際、２０００年代の軍改革では、そうした事態の蓋然性は非常に低いという想定に基づいて、動員に依存しないコンパクトかつ即応性の高い軍事力が志向された。

ただ、ロシアが動員体制を完全に忘れたわけではない。万一であっても大戦争の可能性が残っている以上、大量の市民を軍隊に動員できる態勢は維持しておくべきだ（Гареев, 2017. 3. 29.）、あるいは小規模紛争であっても紛争地域を占領・維持・防衛するためには長期にわたって大量の兵力を要するのではないか（Карнаухов и Целуйко, 2010）という声は軍や軍事専門家の間に根強く存在していた。

徴兵制の廃止や兵力縮小を訴えるリベラル派でさえ、中長期的に国際情勢が変化した場合に備えて国民に一定の軍事訓練を施し、動員能力を保持しておくことには反対ではなかった（Фонд Егора Гайдара, 2001.7.18.）。ロシアの法体系に動員の概念が残されたのは、こうした国内の論調によるものである。

２０１４年に第一次ロシア・ウクライナ戦争が勃発し、西側との関係が先鋭化すると、動員はさらに現実味を帯びた。例えば同年秋に実施された東部軍管区大演習「ヴォストーク２０１４」では、経済や社会の総動員を想定したと見られる訓練が盛り込まれ、その一環として６５００人の一般市民が召集されたほか、２０１６年の南部軍管区大演習「カフカス２０１６」では、戦時軍管区が設置され、戒厳令の施行や予備役動員の訓練が実施されている（Рамм, 2016.10.16.）。

戦時軍管区は各軍管区の副司令官が予備役や内務省国内軍部隊を指揮して戒厳令の施行や後方治安作戦を実施するためにソ連時代に導入された制度であるから（Whisler, 2020）、国際情勢の変化によって冷戦期の軍事態勢が復活してきたということになろう。

†総動員は本当にできるのか

とはいえ、総動員の実施は、口で言うほど簡単ではない。５年以内に兵役を終えたロシア国民の数は約２００万人にも上るとされるが（IISS, 2022）、その多くは除隊後に再訓練を受けておらず、彼らを軍人として仕立て直すには相応の時間が必要であるからだ。有事には約1年をかけて350万人の予備役を動員するという2000年代までの想定（Барабанов, Макиенко, Пухов, 2012）に比べれば多少マシであるとしても、総動員をかければすぐに巨大な軍隊が出現するわけではない、という点は同じである。

さらに言えば、現在のロシア軍にこれだけの動員を実施する組織力が残されているのかどうか自体、はっきりしない。実際に予備役を動員する場合には、参謀本部組織動員総局（GOMU）が司令塔となり、各連邦構成主体（共和国、州、地方など）の長やそれらを構成する地方自治体の長が地域ごとの実施に関して責任を負うとされているが（ロシア連邦法「動員準備及び動員について」第11条）、これら各組織の能力がはっきりしないためである。

例えば2014年の東部軍管区大演習「ヴォストーク2014」では、サハリンなどでの予備役動員訓練が準備不足からうまくいかなかったことをショイグ国防相は認めており、こうした実施組織側のキャパシティ問題は未だ解決されていない可能性がある。米RAND研究所が2019年にまとめたレポートでも、ロシアの動員システムは名目的なものであり、実際にはあまり大きな予算を割り当てられていないので、その能力は高くないと見積もられていた（Radin, *et al.*, 2019）。

この点はロシア軍も認識しており、2012年には「動員予備人員」と呼ばれる新たな制度が導入された。単に一般的義務として有事の動員に応じるだけでなく、予備役の一部には平時から定期的に軍事訓練を受けさせておいて、比較的迅速に戦力化できるようにする、という思惑である。

ただ、この制度が実際に設置されたのは2015年7月15日付の大統領令第370号によってであり、しかも実験的措置であると規定されていた。また、2013年にオーゼロフ下院国防委員会委員長が述べたところによると、その整備目標は「数年以内に9000人」というごく控えめなものに過ぎなかった。したがって、RAND研究所が述べるとおり、2010年代までのロシアの動員能力は、実質的にはかなり限られていたと見るべきであろう。

しかし、2021年には新たな展開があった。同年夏、ロシア国防省は「国家陸軍戦闘予備（BARS）2021」という名前で、大規模な予備役動員訓練を突如として開始したのである。その規模は南部軍管区だけで3万8000人、ロシア軍全体では5万人から5万3000人にも達する予定であったとされており（Мухин, 2021.8.15.）、これはロシア軍が過去に実施した最大規模の予備役動員訓練であった。

例えばサンクトペテルブルグ市のキーロフ区広報サイトが述べるところによると（前述のように動員の実施には地方自治体が責任を持つ）、BARSは動員予備人員を増加させるために2021年に設置された新しい枠組みであり、1カ月に3日以内、年間に24日以内の軍事訓練を受ける代わりに、手当てや軍の社会保障を受けられるという。こういう特典を用意して予備役を増やそうとしたのだろう。それが翌年に控えたウクライナ侵攻を念頭に置いたものであったのかどうかは、今のところはっきりしないが、5万人程度の予備役ならば比較的迅速に動員できる体制を、ロシア軍は開戦前に一応整えていたことになる。

†それでも総動員を発令できないプーチン

だが、開戦後に生じた兵力の損失を埋めるためにプーチンがまず頼ったのは、公式の予備役動員システムではなかった。ごく短期間の訓練だけを受けた志願兵による「義勇大隊」、民間軍事会社ワグネル、コサック、親露派武装勢力が支配領域内で強制徴募した兵士たち——こうした非公式・半公式の軍事組織による「隠れ動員」を幅広く行い、戦場に投入したのである。

なお、このうちの義勇大隊とロシア軍との正式な関係性は必ずしも明確ではない。モスクワで編成された「ソビャーニン大隊」の場合、指揮官は「ドネツク人民共和国」軍の前司令官であったという情報もあり、事実上は親露派武装勢力のための兵員募集をロシア国内で行うための仕組みと見ることもできよう。

いずれにしても、この種の「隠れ動員」は5月頃には報じられ始めていた（Коваленко, 2022.5.7.）。したがって、兵力不足はこの戦争の焦点がドンバスに移った頃には既に認識されていたのだろう。ちょうどこの頃に英国防省が示した見積もりでは、ロシア軍の戦死者は約1万5000人とされており、これはロシア軍の侵攻兵力の約1割、あるいはソ連が9年間のアフガニスタン介入で出した戦死者の総数にほぼ相当する。さらに8月初頭には、重傷者を含めたロシア軍の損害は7、8万人に達するという見積もりを米国防総省のカール次官が明らかにした。

では、これだけの損害を出しながら、プーチンはなぜ総動員を発令しようとしなかったのだろうか。

現時点における多くの識者の説明は、「プーチンは国民の反発を恐れている」という点にほぼ集約されている。一例として、マイケル・キマージとマリア・リップマンが『フォーリン・アフェアーズ』に寄せた論考（Kimmage and Lipman, 2022.5.31.）の内容を簡単に紹介しておきたい。

両名によれば、プーチン政権の初期には、政府と国民の間に「不可侵協定」が存在していた。政府が国民の生活を保障する代わりに国民は政府の方針に異を唱えない、というのがその核心である（カーネギー財団モスクワセンターのアレクサンドル・バウノフは、「自由や繁栄と引き換えにロシアの偉大さを約束する社会契約」という表現を用いる。Баунов, 2015.6.3.）。さらに第一次ロシア・ウクライナ戦争以降には、西側との関係悪化や反体制派の弾圧強化が進んだもののの、それでも大多数の人々はこれを自分ごとと捉えず、世の中は概ね平穏であるという「持続可能な幻想」が支配していた。

２０２２年に第二次ロシア・ウクライナ戦争が始まった後でさえ、この幻想は完全には消え去らなかった。それが「特別軍事作戦」である以上、戦うのは職業軍人たちに限定され、一般市民が動員されたり、徴兵として勤務する息子たちが戦場に送られることはないからである。だが、ひとたびプーチンが戦時体制を宣言すれば「不可侵協定」は崩壊し、恐怖と怒りが社会に広がるだろう――言い換えるならば、プーチンのウクライナ侵略はクラウゼヴィッツがいう戦争の「三位一体」のうち「国民」の要素（戦争に対する熱狂的支持）を欠いており、これがプーチンをして総動員の発令を躊躇わせているのだということになる。

こうしたキマージとリップマンの見解に、筆者は基本的に賛成である。ただ、プーチンが「特別軍事作戦」という建前を絶対に捨てられないのかどうかについては検討の余地があろう。仮にウクライナがロシアの支配領域をさらに幅広く奪還し、プーチンの政治的メンツが完全に失われそうになれば、一種の政治的賭けとして総動員に踏み切る可能性は排除されない。

また、その場合、国民が「恐怖と怒り」によってプーチンの権力を崩壊させようとするのかどうかも未知数である。案外、総動員は国民の熱狂を引き起こしてロシアにも「三位一体」が生まれるかもしれないし、そうでなくても、政治的弾圧でプーチンは国民の不満を押さえつけてしまうかもしれない。

†部分動員へ

実際、本書の脱稿直前の2022年9月21日には、プーチン大統領はついに部分動員の発令に踏み切った。ロシア側の各種公式発表を総合するに、これは軍務経験(特に専門技能や戦闘経験)を持つ予備役約30万人を召集するというもののようである。さらに一部報道では、動員の最終的な規模は100万人から120万人にも及ぶとされ(*Meduza*. 2022. 9. 23.; *Новая газета. Европа*, 2022. 9. 22.)、実際にこれだけの予備役を戦力化できれば戦争の趨勢《すうせい》を大きく変えることになる可能性はある(図5)。

他方、本書執筆時点で判明している限りでは動員の実態は極めて杜撰《ずさん》で、本来は動員対象とならない軍務未経験者や高齢者、さらにはもう亡くなった人のところにまで召集令状が届く事例があったとされる。前述のように、動員の実施は各連邦構成主体が担うので、

図5　2022年9月21日、ロシアでは第二次世界大戦後初の部分動員令が発令された（©AP／アフロ）

それをどこまでまともにこなせるかは地域によってかなりの格差があるのだろう。

格差といえば、動員される人数にも露骨な格差がある。報じられるところによると、ロシアで最も人口の多い連邦構成主体であるモスクワ市の動員予定数は1万6000人、サンクトペテルブルグ市では3200人に過ぎなかった（*Meduza*, 2022.9.23.）。他方、シベリアや極東、カフカスといった貧しい辺境地域では大規模な動員が行われている模様であり、「大都市の中産階級は怒らせたくないので少数民族や貧困層をターゲットにする」という戦略が政権側にはあるように見える。

4　核使用の可能性

†核兵器の使用という賭け

一方、垂直的エスカレーション――つまり、核兵器の使用にプーチンが踏み切れなかった理由は、西側がウクライナへの軍事援助を制限し続けてきたのとほぼ同様の構図で理解できる。つまり、ひとたび核兵器を使用したが最後、事態がどこまでエスカレートするかは誰にも予測できないということだ。

『現代ロシアの軍事戦略』でも述べたとおり、ロシアの軍事理論家たちは、通常戦力で戦争に勝利できない場合に核兵器を使用する方法について長年議論し続けてきた。これはロシアの通常戦力が冷戦期と比較して大幅に低下したという現実を反映したものであり、大きく分けて次の三つのシナリオに分類することができる。

・戦術核兵器の全面使用によって通常戦力を補い、戦闘を遂行する（戦闘使用シナリオ）
・大きな損害を出す目標を選んで限定的な核使用を行い、戦争を続ければさらなる被害

が出ることを敵に悟らせることで停戦を強要する（停戦強要シナリオ）

・第三国の参戦を阻止するため、「警告射撃」としてほとんど（あるいは全く）被害の出ない場所で限定的な核爆発を起こす（参戦阻止シナリオ）

第一の戦闘使用シナリオ自体は冷戦期から存在してきたが、冷戦後には、そのような能力をもって抑止力として機能させようという考え方が生まれてきた。「地域的核抑止」と呼ばれるもので、1997年頃には既にロシアの軍事出版物に登場していたことが確認されている（Fink and Kofman, 2020）。

ただし、地域的核抑止戦略が実際にどこまで機能しうるかについては、これを疑問視する見方が根強い。

イスラエルのロシア軍事専門家であるドミトリー・アダムスキーによると、ロシアのいう地域的核抑止が機能するためには戦術核兵器の配備状況や使用基準が高度に透明化されている必要がある。要はどんな状況でどの程度の戦術核兵器を使用するのかを敵が認識していなければ戦術核使用の脅しは役に立たないということだが、現実問題としてロシア側からはこのような情報が明確に宣言されたことはなく、断片的な情報は相互に矛盾していたり、ズレを抱えている場合が非常に多い。したがって、地域的核抑止は高度に統合された核運用政策などではなく、軍と戦略コミュニティが独自に主張している曖昧な概念の集合体に過ぎないというのがアダムスキーの結論であった（Adamsky, 2013）。

ロシアの戦術核戦力がほぼ無傷のまま温存されているにもかかわらず、ウクライナが現に戦争継続を諦めていないことからしても、「地域的核抑止」は機能していないと考えるべきであろう。

脅しを目的とするのではなく、純粋に戦場の形勢を有利に転換するために核兵器を使用するというシナリオはさらに可能性が低い。このような場合にはかなりの数の戦術核兵器を使用する必要が出るが、こうなると西側はもはやウクライナに対する軍事援助を制限しなくなり、場合によってはNATOの直接介入（飛行禁止区域の設定から地上部隊の展開まで）さえ真剣に考慮せざるを得なくなるためである。だが、第三次世界大戦を恐れているのはロシアも同様であって、これはあまりにも危険な賭けと言えるだろう。

†エスカレーション抑止は機能するか

これに対して第二の停戦強要シナリオは、近年、西側で「エスカレーション抑止（de-escalation ないし escalate to de-escalate）」戦略として広く知られるようになり、多くの懸念を呼んできたものである。戦闘使用のように核兵器で敵の損害の最大化を狙うのではなく、軍事行動の継続によるデメリットが停止によるメリットを上回ると敵が判断する程度の「加減された損害（tailored damage）」を与えるというのがその要諦であり（Sokov, 2014. 3. 13.）、１９９０年代末から２０００年代初頭にかけてその原形は概ね完成していた（Лумов и Багмет, 2002; Левшин, Неделин, Сосновский, 1999）。

米国による広島と長崎への原爆投下のロシア版とでも呼べるような核戦略であり、現在のウクライナに当てはめるならば、まだ大きな損害を受けていない都市（例えばリヴィウやオデーサ）を選んで低出力核弾頭を投下するようなシナリオが考えられるだろう。

もっとも、ジェイコブ・キップが指摘するように、核兵器によるエスカレーション抑止型核使用は、紛争が極限までエスカレートした場合に限られていた核使用の敷居を大幅に引き下げる点で危険性を孕んだものでもあった（Kipp, May-June 2001）。しかも、２０１０年代以降、ロシアのエスカレーション抑止型核使用に懸念を募らせた米国は、トライデントⅡＤ－５潜水艦発射弾道ミサイル（ＳＬＢＭ）に出力を抑えた核弾頭（Ｗ78-2）を搭載しておき、ロシアの限定核使用には同程度の核使用で応えるという戦略を採用している。

つまり、ロシアがウクライナに対して「加減された損害」を与えた場合には、これと同等の損害が自国にも返ってくる可能性があるということであり、そうなった場合には全面核戦争へのエスカレーションさえ覚悟せねばならなくなるだろう。ウクライナを攻めあぐねるロシアがそれでも限定核使用を決断できない理由が、おそらくこれだと思われる。また、それゆえにロシアもエスカレーション抑止型核使用を公式の核戦略として採用しているわけではなく、そのような可能性を示唆することで脅しとするための心理戦ではないかという見方が従来から西側の専門家の間で広く持たれてきた（Durkalec, 2015）。

†核のメッセージング

最後の参戦阻止シナリオも、ほぼ同様のリスクを抱えている。この場合、核兵器はまだ参戦していない大国へのメッセージングを目的として使用されるものであるから、これは核戦略用語でいう「先行使用（first use）」ではなく「予防攻撃（preemptive strike）」に相当しよう。前者は通常兵器による戦闘が始まっている中で先に核使用を行うことを意味するのに対し、後者はまだメッセージの受け取り手とは戦争が始まっていない段階で核使用に踏み切ることを意味するからだ。

こうした核戦略がロシア軍の中でいつ頃から生まれてきたのかははっきりしないが、国際的な注目を集めたのは、2009年10月に『イズヴェスチヤ』紙が行ったニコライ・パトルシェフ国家安全保障会議書記へのインタビュー（Мамонтов, 2009.10.14.）であった。

今後の軍事ドクトリンにおいては、武力紛争や局地戦争（ロシアの軍事ドクトリンは、戦争を規模や烈度によって四つに分類しており、この二つは最も規模・烈度の小さなものとされている）でも予防的に核使用を行うことを想定すべきだ、というのである。つまりはロシアが行う小規模な軍事介入を西側が実力で阻止しようとした場合、核兵器を使って警告を与えるという考え方と解釈できよう（Kroenig, February-March 2015）。

しかし、繰り返すならば、限定的であろうと損害が出なかろうと、核兵器を使用したが最後、事態がどこまで転がっていくのかは誰にもわからない。

米国の国家安全保障会議（NSC）が2017年に行ったという図上演習は、このことをよく示している。ジャーナリストのフレッド・カプランが描くところによると、この演習のテーマは「ロシアが在独米軍基地に限定核使用を行った場合にどう対応すべきか」であったが、この際、あるチームは限定核使用による報復をベラルーシに行うことを選択し、もう一つのチームが通常兵器による報復を選んだという（Kaplan, 2020）。

つまり、全く同じロシアの限定核使用という事態であっても、米国からどのような反応が返ってくるかをロシアは確信できないということを以上の事例は示している。実際には、ここに大統領の性格や国民の気分といった、より曖昧な要素が加わるわけであるから、ロシアがそう簡単に核使用に踏み切れるとは思われない。核兵器をウクライナに対する「警告射撃」として使用するという考え方もあるが、これも問題がある。例えば黒海で核兵器が爆発したとして、ゼレンシキーが「だから何なのだ」と言って領土奪還作戦を続ければロシアのメンツが潰れるだけであろうし、かといってロシアが都市への核攻撃へと踏み切れば前述のエスカレーションの危険が立ちはだかることになる。

2017年に承認されたロシア海軍の長期戦略文書「2030年までの期間における海軍活動の分野におけるロシア連邦国家政策の基礎」や2020年に公開された「核抑止の分野におけるロシア連邦国家政策の基礎」が核兵器によるエスカレーション抑止に言及しつつ、あくまでもこれを一般論に留めていることからしても、停戦強要シナリオと同様に心理戦の域を出ないとの見方が有力視されている。

ただし、ロシアが実際に限定的な核使用の思想を長年にわたって温めており、そのための能力も実際に有しているという事実自体は決して軽視されるべきではない。エスカレーションのリスクに関するプーチンの利害計算が西側のそれと同様であるという保証はどこにも存在しないからである。

†効かなかった非核エスカレーション抑止

ちなみに、核使用の敷居を下げることにまつわるリスクはロシア軍内部でも認識されており、近年では通常兵器を用いて同様の効果は得られないのかという議論が盛んになってきた。この点については『現代ロシアの軍事戦略』で詳しく論じたので重複は避けるが、つまりは「加減された損害」を非核の精密誘導兵器（PGM）で与えてはどうかということである。

しかし、現実には、非核エスカレーション抑止はウクライナに対しては通用しなかった。開戦以来、ロシアは巡航ミサイルから砲爆撃に至るまでのあらゆる非核手段を民間人に対して用いてきたが、ウクライナの抵抗意志が失われることはなかった。核兵器という究極の破壊力が持つ心理的恐怖なくしては、エスカレーション抑止は（少なくともウクライナでの領土奪回作戦に対しては）効果を発揮しなかったということだ。

また、非核エスカレーション抑止は、西側を抑止することもできていない。第3章で触れたウクライナ西部のヤボリウに対する集中的な巡航ミサイル攻撃はまさに非核エスカレーション抑止を狙ったものであると考えられるが、軍事援助やISR支援といった有形無形の西側の援助はその後も続いたからである。しかも、通常兵器でこれ以上のエスカレーションを図るとすれば、NATO領内の軍事施設などを限定攻撃するほかなくなるが、その場合は結局、NATOとの全面戦争というリスクが改めて浮上してくる。

まとめるならば、第二次ロシア・ウクライナ戦争は、大国間の戦略抑止が機能する状況下で行われる、核戦争に及ばない範囲であらゆる能力を駆使する戦争だということになる。

第５章
この戦争をどう理解するか

東部要衝のリマンを奪還したウクライナ軍（©ロイター/アフロ）

1　新しい戦争？

†テクノロジーが変えるもの、変えないもの

第1章〜第4章では、時系列に沿って戦争の推移を追う形で考察を展開してきた。これに対して第5章では、この戦争をどのように理解すべきかをテーマとして、それぞれに異なった角度からの視点をいくつか導入してみたい。

その第一は、この戦争の「性質」に関わるものである。

戦争の捉え方には「特徴（character）」と「性質（nature）」の二種類があるということは前著『現代ロシアの軍事戦略』でも述べた。重複を恐れずに再確認しておくと、前者が主として戦闘の様態に関わるものであり、武器の性能や戦術（広義のテクノロジー）によって左右されるのに対して、後者は戦争という現象そのもののありように関わる。戦争が何のために行われるのか、そこにおいて戦争と社会はどのような関係性を持つのか、それは善なのか悪なのか、といった認識枠組みそのものが戦争の「性質」を規定するわけである。

このような理解に基づくならば、第二次ロシア・ウクライナ戦争の「特徴」は優れて現

代的である。例えば、この戦争においてはロシアとウクライナの双方が無人航空機（UAV）を大々的に活用しており、その用途や投入数は過去のいかなる戦争をも凌ぐ。少なくとも、交戦主体の双方がこれほど激しくUAVを投入し合う戦争は歴史上初めてであろう。

また、米国企業がウクライナに供与した衛星通信システム「スターリンク」、筆者も利用している商用衛星サービスなど、第二次ロシア・ウクライナ戦争では宇宙空間も盛んに利用された。本書の執筆時点では明らかにされていないが、衛星通信や衛星航法システムに対する電波妨害なども（おそらくは双方によって）大規模に実施されているはずであり、この意味では「宇宙戦争」としての性質を見出すこともできる。

こうした「特徴」に関わる新しさは枚挙にいとまがないが、それらを以てこの戦争を「新しい戦争」と呼ぶかどうかはまた別問題である。その時代における最新テクノロジーを戦争に取り込もうとするのはいつの時代にも普遍的な現象であり、そうであるならば、どの戦争も「新しい戦争」ということになってしまうだろう。したがって、テクノロジーの観点からある戦争を「新しい戦争」と見なすかどうかは、戦闘様態（「特徴」）の変化が戦争の「性質」全体を変えるに至っているかを検討してみなければならない。

このような観点から、第二次ロシア・ウクライナ戦争をかつての独ソ戦と比較してみよう。そこで繰り広げられている戦闘の「特徴」は80年前とはたしかにかなり異なっており、戦車同士の交戦距離、それらを上空から支援する攻撃機の飛行速度、各種兵器の命中精度などは比べ物にならないほど向上した。さらに独ソ戦当時には存在さえしていなかった新テクノロジー（例えばUAV）がここには投入されているのだから、個々の戦闘様態が大きく変化していることは間違いない。

ただ、少し引いた目で見てみると、そこで起きていることの全体像はあまり変わっていないようにも見える。村落の取り合い、機甲戦力による大規模な突破、航空機による近接航空支援や阻止攻撃、兵站の鍵を握る鉄道への攻撃などは、80年前の戦争をそのまま再現しているようでさえある。戦場における一般市民への非人道行為、捕虜の虐待、戦争がもたらす市民生活の破壊なども同様だ。言うなれば、第二次ロシア・ウクライナ戦争は21世紀のテクノロジーを用いたハイテク独ソ戦とでも呼ぶべき戦争であり、根本的な「性質」の方はあまり変化していないのではないか。

†Enabler と Enabled

また、新しいテクノロジーは、多くの場合、それ単体では機能を発揮できない。ブレット・ヴェリコヴィッチの体験はこの点を非常によく示すものとしてここで紹介しておこう。

米陸軍特殊部隊デルタ・フォースの一員としてイラクでの対テロ作戦に携わったヴェリコヴィッチの任務は、大型UAVプレデターを駆使してテロリストを探し出すことだった。だが、同人が『ウォール・ストリート・ジャーナル』の記者であるクリストファー・スチュワートとともに著した著書『ドローン情報戦』を読むと、UAVは対テロ作戦という巨大な戦争マシーンの穂先に過ぎないことがわかる（ヴェリコヴィッチ、スチュワート2018）。

テロリストがどこに潜んでいるのか、テロ組織に協力しているのは誰なのか、彼らはいつ移動し、どこでテロを起こす気なのか。こうした情報の大部分は地元社会との地道な関係づくりや密告、張り込みなどから得られるものであって、広大なイラク国土上空にUAVを飛ばせばわかるというものではない。

ヴェリコヴィッチは、アラブ首長国連邦（UAE）の特殊部隊から「どんなソフトウェアを使っているのか？」と質問された際のことを次のように回想している。「テロリストを見つけるのに魔法の公式なんてない」のであって、ターゲットの名前、彼らのコードネーム、家族・友人関係、生活パターン、インターネットの使用記録などを洗っていって、初めてUAVの出番がやってくるというのである。また、そうしてターゲットを見つけ出したとしても攻撃自体をUAVが担うかどうかは状況次第であり、攻撃手段は特殊部隊による襲撃の場合もあれば戦闘爆撃機の誘導爆弾であるかもしれない。

つまり、新たなテクノロジーは、在来型の軍事作戦を可能にするピースの一つ（enabler）であり、逆に在来型の軍事作戦によって新たなテクノロジーが効果を発揮できるようになる（enabled）という相互依存関係にある、というのがヴェリコヴィッチの経験から汲み取れる結論であろう。これは今回の第二次ロシア・ウクライナ戦争についても同様で、HIMARS、UAV、HARMといった米国製兵器はそれぞれに密接に関係し、より古典的な榴弾砲や地上部隊と連携することで効果を上げてきた。

その結果として出現したのが非常に古典的な戦争であったことは、やはり前章までで述べてきたとおりである。第二次ロシア・ウクライナ戦争の「特徴」はテクノロジーによって新しくなったかもしれないが、戦争全体の「性質」は古い戦争からあまり大きく変わらなかった。

†ハイブリッド戦争──「戦場の外部」をめぐる戦い

「新しい戦争」という議論は、テクノロジーに関連するものばかりではない。古典的戦争モデル（第3章でウクライナの「三位一体」に関して述べたもの）に当てはまらない戦争がありうるという考え方がそれである。

歴史上、大部分の戦争は「三位一体」によって戦われてこなかったことを歴史的に論じたマーチン・ファン・クレフェルトの「非三位一体戦争」論（クレフェルト2011）や、冷戦後の地域紛争では各武装勢力が勝利を追求しようとせず、むしろ一般住民への暴力行使によって紛争状況を固定化しようとしていると論じたメアリー・カルドアの「新しい戦争」論（Kaldor, 2012）などはその代表格に数えられよう。

一方、こうしたアカデミックな議論を横目で見つつ、米軍が発達させていったのが、いわゆる「ハイブリッド戦争（hybrid warfare）」理論である。

「ハイブリッド戦争」理論に連なる思想は、冷戦期から主に米海兵隊の内部で議論され、発展してきた。特に有名なのは1980年代末に米海兵隊将校のウイリアム・リンドらがまとめた「第4世代戦争（4GW）」と呼ばれるもので、ここでは物理空間における戦闘の様相がテクノロジーによって大きく変化していくだろうという見通しとともに、情報が人々の認知に与える影響がそれに匹敵する破壊力を持つだろうと予見されていた（Lind, Nightengale, Schmitt, Sutton and Wilson, 1989）。

つまり、戦争を「（暴力に限らない）強制力による政治の延長」とやや広く解釈するなら、情報戦で敵国社会を不安定化させ、軍事力行使を不可能にするとか、政権自体を瓦解させてしまうような闘争方法もあり得るのではないか——ということであり、それゆえに、「テレビニュースは機甲師団よりも強力な兵器になる可能性がある」とリンドらは言う。

言い換えるならば、第4世代戦争理論とは、クラウゼヴィッツのいう三位一体の一角である軍隊をバイパスする闘争方法のモデルということになろう。

また、こうした闘争方法は、高度なテクノロジーを持たない非国家主体（例えばテロリストなど）にも利用可能である。例えばテロ組織は分散し、集権的な兵站に依存せず、高い機動性を持つという点を強みとするが、反面、敵を正面から打倒する力は非常に小さい。そこでテロリストは自由民主主義社会の開放性を利用して隠密に活動し、暴力を行使する場合には国家から猛烈な反撃を受ける場面をメディア上で広く拡散させることで、自分たちこそが被害者であるという構図を作り出そうとするだろう、というのがリンドらの予見であった。

米軍がテロ組織の拠点を空爆し、テロリストを殺害することができるとしても、その巻き添えで民間人が死傷した様子が夕方のニュースで流れれば、「軍事的成功になったかもしれないものは手酷い敗北に容易に変化しかねない」というのである。

現在、「ハイブリッド戦争」と呼ばれている軍事理論は、やはり米海兵隊出身のフランク・ホフマンらが、この4GWを基礎として作り上げた。非国家主体がますます台頭し、さらにはインターネットの登場で情報の力が強まっている現在、4GW的な戦い方の威力はもはや「機甲師団」どころか核兵器並みになっていくかもしれない。こうした中で米軍が戦い抜くためには、①全方位性（あらゆる手段と領域を活用する）、②同期性（多様な手段と領域をバラバラにではなく、同時に活用する）、③非対称性（以上の組み合わせにより、敵が思いもよらない非古典的な闘争方法を生み出す）を意識した戦い方が求められる（あるいは敵がそのような手段を使ってくると覚悟しておく）というのがその骨子である（Hoffman, 2007）。

以上の結論を導き出すにあたって、ホフマンがケーススタディとしたのは、2006年の第二次レバノン戦争においてヒズボラがイスラエル軍に対して行った闘争であった。

この戦争において、正面戦力でイスラエルに対して圧倒的に劣勢なヒズボラは、①非国家主体でありながら高度に組織化された軍事機構を持ち、②旧式兵器から新型兵器に至るまでの多様な軍事手段を駆使しながら小さな戦術的成果（必ずしも「勝利」とは限らない）を積み重ね、③その模様を情報空間で拡散することによって政治的インパクトを最大化するとともにイスラエル軍の権威を大幅に毀損《きそん》（地上戦や空爆により一般市民が殺傷されていることを非難するなど）した。

そして、④これらの手法を同時に展開することにより、最終的にイスラエルはヒズボラの壊滅という戦略目標を達成できないままレバノンからの撤退を余儀なくされたという図式をホフマンは描く。つまり、ハイブリッド戦争とは暴力闘争の代替物、あるいは別個の闘争形態なのではなく、暴力（軍事手段）が非軍事手段と同時かつ密接な連携の下に行使され、主として「戦場の外部」（特に人々の認識）に働き掛けることで政治的目的を達成しようとする闘争形態である、とまとめられよう。

このようにしてみると、「ハイブリッド戦争」に多様な主体や手段が関与しているかどうかはあまり本質的な問題ではないことがわかる。重要なのは「戦場の外部」をいかにして制すかであり、主体や手段の多様性は結果に過ぎない。逆の言い方をすれば、自分たちの闘争の正当性をうまくアピールして敵の闘争を妨害できるなら民兵やサイバー戦は必須ではないし、これらの要素を用いていても戦争の勝敗が「戦場の内部」で決まるなら、それは古典的な戦争の現代バージョンに過ぎないということである。

†ロシアの「ハイブリッドな戦争」とウクライナの「ハイブリッド戦争」

以上の見方に立つならば、この戦争が「ハイブリッド戦争」でないことは明らかであろう。

たしかに、民間軍事会社、親露派武装勢力、コサックといった多様な非国家主体がこの戦争には関与している。また、ロシアは開戦の前後に大規模なサイバー攻撃や偽情報の流布といった非物理空間での攻撃も展開しており、この意味では闘争は領域横断（クロス・ドメイン）的な性格を帯びていた。

しかし、ここまで述べてきたように「ハイブリッド戦争」理論の核心は、闘争の勝敗を決する重心が「戦場の外部」にあるような戦い方にある。これに対して第二次ロシア・ウクライナ戦争の重心は「戦場の内部」に――つまり、火力や兵力がものをいう古典的な暴力闘争に置かれており、非国家主体や非軍事手段の活用はその補助手段であるに過ぎない。したがって、この戦争は「ハイブリッドな戦争」ではあるものの、「ハイブリッド戦争」ではないと見るべきであろう。

むしろ、「ハイブリッド戦争」は、ウクライナ側の抵抗戦略を説明する上でより有効な枠組みであるように思われる。第3章で見たように、ゼレンシキーは開戦後も首都脱出を拒否して踏みとどまり、国民に対しては徹底抗戦を呼びかけた。さらに、同人の勇敢な決断とコメディアンとして培われた弁舌は広く国際社会の共感を呼び起こし、ロシアへの非難とウクライナへの共感を呼び起こすにあたって少なからぬ役割を果たした。このようにしてみると、ウクライナは自国の戦略的立場を強化するために「戦場の外部」でたしかにうまく立ち回った。

ただし、ゼレンシキーの「ハイブリッド戦争」は、その限界を露呈してもいる。人々の認識に働きかけるゼレンシキーの振る舞いは、ロシアの戦争遂行を不可能にするほどの効果を及ぼさなかったからだ。実際、民間世論調査機関最大手の「レヴァダ・センター」によると、2021年には6割台で推移していたプーチンの支持率が開戦後には跳ね上がり、「特別軍事作戦」への支持とともに概ね8割前後で推移している。その反面、米国・EU・ウクライナに対する好感度は急落していることからして、「ゼレンシキー効果」はロシアの世論に対してはほぼ無力であったことが確認できよう。

これは、「ハイブリッド戦争」論の出自からして、ある意味で当然の帰結でもある。ホフマンの研究がヒズボラの対イスラエル戦略を題材としていたことからも明らかなように、「ハイブリッド戦争」とは、ある程度民主的な政体を持つ強者に弱者が対抗するための戦略である。ホフマンの関心は、そうした弱者の戦略に米国（やはり民主的な軍事的強者）が負けないようにするにはどうしたらよいか、という点に集中していたのであって、優勢側の体制が権威主義的であるという事態は最初から想定されていなかった。開戦後、ロシアの情報統制や政治的抑圧が格段に強化されたことを考えれば、ゼレンシキーの「ハイブリッド戦争」が効果を発揮する余地は、最初から極めて小さかったと言える。

2　ロシアの軍事理論から見た今次戦争

†「新型戦争」

さらに言えば、「ハイブリッド戦争」は米軍が発展させてきた軍事理論であって、ロシアで生まれたものではない。とするならば、次に検討されるべきは、ロシア自身の軍事理論に照らしてこの戦争が何であるのか（あるいは何でないのか）、という点であろう。

「ハイブリッド戦争」に類似するロシア流軍事理論としては、「新型戦争（война нового типа）」がある。これは2010年代に入ってから心理戦部隊のイーゴリ・ポポフなどが唱えたものであり、「最も恥ずべき手段」を含めたあらゆる闘争方法を駆使すれば戦争に訴えずして敵国を崩壊させられる、という主張を中核としている。

では、「最も恥ずべき手段」とは何か。ポポフによると、その一つは、情報戦とテロの組み合わせである。人権侵害、独裁、大量破壊兵器製造、民主主義の欠如などをアピールして軍事力行使がやむを得ないという空気を国際社会で醸成すること、敵国内の反体制派を操って抗議デモを行わせること、メディアやインターネットで偽情報を拡散して軍事力行使に反対する意見を圧殺すること、それでも反対する勢力の中心的人物を暗殺することなどがその主要な手段であり、このような方法を駆使すれば軍事力行使に至らずして（そして明白な侵略であると意識されることなく）敵国政府を転覆できる場合があるという。ポポフによれば、こうした闘争の最も顕著な成功例は、旧ソ連諸国における一連の政変（「カラー革命」）と中東・北アフリカでの「アラブの春」であった（Попов, 2014. 4. 11.）。

また、政府転覆に至らずとも、いちど不安定状態に陥った国家は外部勢力の激しい干渉を受ける。過激派組織、難民、民間軍事会社、特殊作戦部隊、諜報機関、犯罪組織などが流入し、こうした状況に対する人道支援や安定化支援の名目で非国家組織の体裁を取ったさらなる外国の工作員が侵入して紛争はさらに激化していくというのがポポフの描く「新型戦争」像である（Попов и Хамзатов, 2018）。

興味深いのは、ポポフがクレフェルトやカルドアの著書を引用しながら議論を展開していることだ。ロシアの軍人たちが書く論文や著書では同じロシアの学者や同僚であるロシア軍人の議論が主な参考文献となることが多く、米国や欧州の文献が参照されることはあまりない。彼らが西側の文献など読むに足りないと考えているのか、西側の文献を引用することが憚《はばか》られるような組織カルチャーがあるのかは不明であるが、一般的な傾向としてはロシア軍人の書く文章の脚注欄はロシア語文献だけで占められていることが多い。

ところがポポフは、クレフェルトを引用しつつ、これからの戦争は非クラウゼヴィッツ型＝非三位一体になる可能性を指摘する（Попов, 2013. 3. 22.）。また、こうした戦争は「文明間の和解不能な闘争」であり、戦争を長引かせて破壊と混乱を広げるために主な標的は一般市民、特に女性、子供、老人などの弱者になるだろうと述べるが、この辺りはカルドアの「新しい戦争」理論そのままと言える（実際にカルドアを引用している）。

こうして見ると、冷戦後に西側の戦争研究者たちが唱えた「新しい戦争」理論は2010年代までにはロシア軍人たちにも認識されており、軍事理論への応用も試みられていたことが読み取れよう。

しかも、ポポフの議論はそれなりの影響力を発揮した。最も顕著なのは、2015年4月に国防省のアンドレイ・カルタポロフ政治・軍事総局長（当時）が行った軍事科学アカデミー演説である（Картаполов, 2015）。ここではまさに「新型戦争」という言葉を用いて、ポポフとそっくりの議論が展開されている——というよりも、カルタポロフ演説にはポポフの論文と一語一句同じ文言が繰り返し登場する。カルタポロフが盗作したのでない限り、演説原稿の本当の著者はポポフであったのかもしれない。その後、カルタポロフは2021年の総選挙で下院議員に当選し、そのまま下院国防委員長に就任している。

†「新世代戦争」

ポポフの唱えた「新型戦争」理論は、「ハイブリッド戦争」理論と似ているようで微妙に異なる。既に見てきたように、「ハイブリッド戦争」が想定しているのは弱者の戦略であり、したがって優勢な通常戦力の侵攻をゲリラ的手法や非軍事的闘争手段で頓挫させることを念頭に置いていた。一方、「新型戦争」理論は、強者が弱者をそうとわからない形で侵略・征服するための方法と位置付けられており、そのためには戦争はなるべく長く続いた方がよいとされる。どちらも根底にあるのはカルドア的な「新しい戦争」だが、米国とロシアの置かれた立場の違いによって異なる方向に進化していった、という関係性で捉えられるかもしれない。

一方、「新型戦争」理論にはもう一人の兄弟がある。チェキノフとボグダノフが唱えた「新世代戦争（война нового поколения）」理論と呼ばれるもので、名前も似ていれば主張する内容もあまり変わらない。両名の議論は当初、極端なハイテク兵器重視論者として知られるウラジミール・スリプチェンコ（軍事科学アカデミー副総裁）の強い影響を受けて出発したが、やがて情報の力に対する関心を強め、2010年代初頭には「情報を中心とした非軍事手段を活用して敵国を打倒できる」という考えを明確に打ち出すようになっていた（Чекинов и Богданов, 2013; Чекинов и Богданов, 2012; Чекинов и Богданов, 2011; Чекинов, 2010）。

ただ、空軍や陸軍の兵科将校であったチェキノフとボグダノフは、暴力闘争の可能性を軽視しているわけではない。ポポフのいう「新型戦争」との最大の相違はここに求められよう。つまり、両名の議論においては、非軍事手段中心の闘争形態は古典的な戦争をすっかり上書きしてしまうものとは見なされておらず、むしろ闘争手段の幅（スペクトラム）が広がったという見方がされているのである。

さらにチェキノフとボグダノフは、非軍事手段による闘争が効果を発揮するのは戦争の最初期段階（IPW）に限られるという見方も示している。両名によると、IPWにおいては情報・心理戦を中心とした非軍事手段とハイテク作戦能力が集中的に使用され、敵の軍事力ではなく、政治・経済・産業中枢と国民の継戦意志を徹底的に破壊することが試みられるという。このように、両名が想定するIPWでの軍事力行使は、非軍事手段の効果を増幅するものと位置付けられていた（Чекинов и Богданов, 2013）。

しかも、現代の戦争は極めて早いテンポで展開するために、戦時経済体制や予備役動員を行う時間的余裕に乏しく、交戦国は開戦時点で持っているリソースで戦うほかない。したがって、平時から十分な経済力や軍事力を持たない中小国はこの段階で敗北する可能性が高いと両名は結論している。

他方、IPWを凌ぐだけの経済力や軍事力を持つ大国については、話が別である。開戦劈頭の激しい脱軍事的闘争を敵が耐え切った場合には、特殊作戦部隊の誘導によって長距離PGMが敵の軍事力を破壊し、空挺部隊が重要拠点を占拠し、大規模な地上部隊が敵国領土を完全に制圧して無力化する必要が出てくる。

したがって、両名の将来戦ビジョンは、敵の軍事的闘争能力やこれに基づく暴力闘争の烈度に応じて行使される闘争手段及びその有効性が変化していくという、動態的な性格を有するものであった。言い換えるならば、「新型戦争」というのはあくまでも中小国に対する戦略論であって、大国との戦争を含めた全ての戦争がこのようなものになっていくと想定されていたわけではない。

†プーチン少年の破れた夢

ただ、今回の戦争は、「新型戦争」にも「新世代戦争」にも完全には当てはまらないようである。プーチンが考えていたプランAは、特殊部隊による「斬首《ざんしゅ》作戦」や内通者の手引きなどを想定する点で「新型戦争」的と見えなくもないが、こうした手段を用いて何を達成しようとするのかが大きく異なる。「新型戦争」が目指すのは終わらない、「和解不能の紛争」を作り出すこと——カルドアのいう「新しい戦争」を大国の軍事戦略として利用することであったのに対し、プーチンのプランAは、速やかに、可能な限り無血でウクライナを屈服させることを目指していた。

一方、今回の戦争の様相は「新世代戦争」とも一致しない。ロシアが展開したウクライナに対する非軍事的闘争は全体的に規模や烈度が限定されており、例えば偽情報によって、ある地域の住民がウクライナへの帰属を拒否するとか、サイバー攻撃でインフラが広範に麻痺するといった事態は起きなかった。また、ロシア軍はPGMを投入しはしたものの、その頻度はあまり高くなく、ハイテク精密攻撃がウクライナの経済や軍事力を機能不全に陥れるということはやはりなかった。

むしろ、今回の戦争でプーチンが範としていたのは、ソ連やロシアが行ってきた周辺諸国への介入作戦ではなかったか、というのが筆者の考えである。例えば1968年、チェコ・スロヴァキア共産党のドプチェク第一書記が展開した社会主義の改革運動――いわゆる「プラハの春」をソ連が弾圧した際の事例を考えてみよう。この際、ソ連が取ったのは、ドプチェクをモスクワに呼びつけて改革の中止を約束させる一方、ワルシャワ条約機構軍を投入して同国全土を占領するという方法であった。

1979年のアフガニスタンへの侵攻でも、ソ連はアフガニスタン人民民主党のアミン書記長を特殊部隊の急襲で殺害し、これに続いてソ連軍主力を大挙して侵攻させた。政治指導部の無力化(斬首作戦)と通常戦力による電撃的侵攻という共通のパターンがここには見出せよう。

2014年のクリミア半島強制併合の記憶も、プーチンの頭の中ではまだ生々しかったはずである。この作戦はウクライナ全土の掌握を目指したものではなかったが、特殊部隊によって半島内の行政・立法府を占拠し、後続のロシア軍主力が電撃的に領域を占拠してしまうという点は同様であった。

ちなみに、プーチンは大統領就任前に行われたジャーナリストとのロングインタビューで、KGBを志した動機を次のように語っている。プーチンによれば、少年時代の同人にスパイへの道を決心させたのは、ソ連時代のスパイ映画やスパイ小説であった。こうしたフィクションの中で「全軍をもってしても不可能なことが、たった一人の人間の活躍によって成し遂げられる」ところにプーチン少年の「心はがっちりとつかまれてしまったのだ」という（ゲヴォルグヤン、チマコワ、コレスニコフ2000）。

現時点では全くの想像に過ぎないが、スパイ映画に胸を躍らせる少年だったプーチンが、ウクライナ侵攻という一世一代の大博打《おおばくち》を打つにあたって思い描いていたのは、このような情景だったのではないか。つまり、少数精鋭の工作員や彼らが張り巡らせた内通者ネットワークによって敵国を内部から骨抜きにし、軍隊は戦わずして電撃的な占領劇を演じる——というようなシナリオである。

1999年に第二次チェチェン戦争を発動するにあたり、首相時代のプーチンが全面侵攻ではなくチェチェンの軍事的封鎖を主張したというエピソードからしても（Tsypkin, 2000）、正面切った大決戦よりも搦《から》め手《て》を好む傾向が同人にはあるように見える。

だが、前述のとおり、プーチンの夢見たプランAはウクライナの抵抗力と抗戦意志をあまりにも甘く見たものであり、結果的には無惨な失敗に終わった。

†限定全体戦争？

スウェーデン防衛研究所（FOI）のトール・ブックヴォルは、冷戦後のロシアにおける軍事思想を、①伝統派（兵力や精神力を最重視する）、②革命派（テクノロジーの力で革新的な戦い方を実現しようとする）、③近代派（冷戦後の戦略環境の変化を踏まえて兵力の削減や徴兵制の廃止などを主張する）の三つに分類したことで知られる（Bukkvoll, 2011）。ここまで見てきた第二次ロシア・ウクライナ戦争の推移を考えるならば、以上のうちで現実に最もよく合致していたのは、①の考え方ということになろう。

ハイテク軍事技術や非軍事的闘争が大きな力を持つのはＩＰＷにおいてであり、敵がこれに耐えられる場合には古典的戦争に移行する、というチェキノフとボグダノフの見立ては、この点において正確であった。

では、伝統派の考える戦争とはどのようなものか。長く軍事科学アカデミー総裁を務め、伝統派の首魁《しゅかい》と見られてきたマフムート・ガレーエフの思想をもとに考えてみたい。

ガレーエフは、テクノロジーによって可能となる革新的な戦闘様態とか、敵国を内部から瓦解させる非在来型の戦い方の有効性を否定するわけではない。同人の著書『もし明日、戦争になったら……？』（Гареев, 1995）を実際に読んでみると、ＰＧＭ、電子戦、無人航空機、極超音速兵器、人工知能といった21世紀のキー軍事技術についてガレーエフは早い段階からその重要性を認識していたことがわかるし、非軍事手段による闘争も重視していた（*Военно-промышленный курьер*, 2012.1.25.）。ただ、チェキノフ及びボグダノフと同様、こうした手段の有効性はＩＰＷに限られるというのがガレーエフの見立てであり、それゆえに戦争の中盤以降では大量の兵力と火力が必要とされる——という点に伝統派の議論の大きな特徴がある。

したがって、ガレーエフによれば、将来の戦争を勝ち抜く鍵は徴兵制である。ＩＰＷにおける不確実性に対処するためにも、その後に生起するであろう古典的な陸軍種同士の大規模地上戦に勝利するためにも、大国の軍隊は有事に膨大な兵力を動員する能力を持たなければならないのであって、徴兵制によって国民に薄く広い軍事経験を積ませておかねばならない、ということだ。

また、ガレーエフによれば、徴兵制は国民の国防意識を涵養《かんよう》し、「何を、何の名において守っているのか」を自覚できる機会になる。ガレーエフが国営紙『ロシア新聞』とのインタビューで述べた、「いかなる超近代的兵器も、戦闘訓練でさえ、高い士気と祖国防衛のための気構えに勝るものではない」という言葉（Ямшанов, 2010.4.9.）は、伝統派のマインドセットを端的に象徴するものであった。

今回の戦争に関して言えば、ウクライナは斬首作戦や内通者の手引きを受けたロシアの電撃侵攻というIPWに耐え抜き、空爆も抵抗意志の破壊には至らなかったため、戦争は伝統派的な古典的様相を呈するに至った。この意味ではガレーエフの予言はたしかに的中しているのだが、どうにも皮肉なのは、動員能力や精神力において強さを発揮したのがむしろウクライナの側であったことだろう。

これに関連して紹介しておきたいのは、ブックヴォルが近代派の一人に分類したアンドレイ・ココーシンの思想である。歴史学の博士号を持ちながら国防会議書記や国防次官を務めたココーシンは、戦争や軍事戦略について多くの著書を残しているが、中でも『軍事戦略の政治・社会学』（Кокошин, 2005）は今回の戦争を理解する上での示唆に富む。

ココーシンによれば、戦争には「全体戦争（тотальная война）」とそれ以外が存在し、両者は規模によっては分けられない。ココーシンのいう「全体戦争」とは、戦争の目的に着目した概念だからである。すなわち、通常の戦争が、①敵の侵略に対する原状回復、②限られた領土の奪取、③特定の利益を守る決意を示すための軍事力の誇示、④交戦相手国の体制転換、といった限定された政治的目的の達成のために行われるものであるのに対し、

「全体戦争」はドイツの対ソ戦争のように敵国の政治・経済・国民を完全に破壊ないし支配することを目標とする戦争である。

そして、このような区別に基づくならば、限られた地理的範囲、投入兵力、烈度の下で遂行される「限定全体戦争」のような闘争形態は論理的には排除されないだろうし、この図式は仮にプーチンがウクライナの独立を否定することを目的としているなら、第二次ロシア・ウクライナ戦争はまさにこれに該当しよう。

3　プーチンの主張を検証する

†ウクライナは「ネオナチ国家」か

最後に、この戦争は何をめぐるものであるのかについて考えてみたい。つまり、第二次ロシア・ウクライナ戦争が勃発するに至った根本的な原因は何なのかということである。

第3章の冒頭で紹介したとおり、プーチンは開戦に先立ってその「大義」を説明している。その核心は、①ウクライナ政府はネオナチ思想に毒されており、ロシア系住民を迫害・虐殺している、②核兵器を開発しており、国際安全保障上の脅威である、③ウクライナがNATOに加盟すればロシアの安全保障が脅かされる——の3点であった。では、これらの主張にはどの程度の妥当性があるのだろうか。

まず①である。2014年のウクライナ政変（マイダン革命）にネオナチ的・国粋主義的勢力が関与したことは事実であり、その後の第一次ロシア・ウクライナ戦争ではこうした勢力の武装部隊も内務省国家親衛軍に編入されて戦ったことが広く知られている。

マリウポリの攻防戦で国際的に有名になったアゾフ連隊もその一つだが、彼らが当初掲げてきたイデオロギーは白人種の優越性を唱えるナチス的人種主義の影響を強く受けたものであった（佐原2022年7月）。

また、アゾフ連隊は独自の政治部門を有しており、移民や性的マイノリティに対する政治的暴力を行使してきたほか、第一次ロシア・ウクライナ戦争においても民間人の殺害や捕虜の虐待を行っているとの記載が国連高等人権弁務官事務所（OHCHR）の2016年の報告書には見られる（OHCHR, 2016; OHCHR, 2017）。

さらに「はじめに」で述べたとおり、ウクライナ政府は第一次ロシア・ウクライナ戦争勃発後、「地域言語法」を廃止してロシア語を公用語から外すという決定を下している。国際的な非難を浴びたこの決定からしても、ウクライナがロシア系住民に対して全く弾圧を加えてこなかったとは言えまい。

しかし、以上のような事情を考慮したとしても、ウクライナ全体がネオナチ思想に席巻されているとは到底言い難い。アゾフ連隊の創設者であるアンドリー・ビレツキー率いる政党「国民軍団」が２０１９年の選挙で大敗し、ビレツキー自身が落選を余儀なくされたことからもこの点は明らかであろう。今回の戦争で彼らの影響力が強まる可能性自体は懸念すべきものではあるが、開戦前の段階においてゼレンシキー政権やウクライナ社会がネオナチ化していたと主張するのは困難であると思われる。

また、ロシアが今回の戦争に投入している民間軍事会社ワグネルは、ネオナチ的な思想傾向を持つＧＲＵ将校のドミトリー・ウトキンによって組織づくりが進められ（*Meduza*, 2016. 12. 15.）、その組織名自体がヒトラーの好んだ作曲家リヒャルト・ワーグナーをロシア語読みしたものとされている（Коротков, 2016. 3. 29.）。

ワグネルがどこまでまとまりのある組織であるかについては議論の分かれるところであるが（Mackinnon, 2021. 7. 6.）、その一部として第一次ロシア・ウクライナ戦争当時からウクライナで戦ってきたグループに関してはサンクトペテルブルグの超国家主義・ネオナチ組織「ロシア帝国軍」にルーツを持つことは広く指摘されてきた（Rondeaux, Dalton and Deer, 2022. 1. 26.; Savage, Goldman and Schmitt, 2020. 4. 6.）。ゼレンシキー政権がアゾフ連隊を利用していることを以てネオナチと呼ぶならば、プーチン政権についても同様とせねば公平性を欠くだろう。

さらに言えば、虐殺を止めるためには軍事介入が直ちに必要な状況であるというプーチンの主張には客観的な根拠が見られない。OHCHRによると、第二次ロシア・ウクライナ戦争開戦前までのウクライナにおける死者数（2014年から2021年まで）は文民・軍人を含めて1万4200人から1万4400人とされている。このうち、民間人の死者は3404人であるが、その大部分（3000人強）は第一次ロシア・ウクライナ戦争中の2014〜15年にかけて発生したものであった（OHCHR, 2022）。開戦直前の2月半ば時点の状況に関するOSCEのレポートにも、ウクライナが虐殺を行っているという記述は見当たらない。

一方、ウクライナ側と親露派武装勢力との戦闘が下火になった2016年以降、死者数は大きく減少している。特に今回の戦争に先立つ4年間は年間死者数が100人を割り込んでおり、2021年には25人と過去最低を記録した（うち12人は地雷に関連する死者）。

ウクライナで組織的な「虐殺」が行われており、すぐにでも軍事介入を行って阻止せねばならない、という状況でなかったことは明らかであろう。

†根拠の薄い大量破壊兵器開発説

ウクライナが核兵器を開発しているという主張（②）についても、やはり客観的な根拠は見当たらない。第一次ロシア・ウクライナ戦争後、1994年のブダペスト覚書を見直すべきだという意見が存在してきたことは事実であるが、それでもウクライナ政府は核兵器放棄の方針を覆していない（The White House, 2014. 3. 25.）。

また、ウクライナが実際に核兵器保有に向けた具体的な措置をとり始めたという兆候は国際原子力機関（IAEA）などによって一度も提起されてこなかったし、ウクライナは核兵器開発に必要な核物質や設備をそもそも有しておらず、そのことはIAEAの査察によって繰り返し確認されてきた（Budjeryn and Bunn, 2022. 3. 9.）。

それでもなお、ウクライナが核兵器を開発していると主張して軍事力行使に及ぶならば、ロシア側には相応の立証責任が求められるはずだが、本書執筆時点までにそのような証拠は提出されていないのが現状である。

一方、ロシアは、ウクライナが米国の支援を受けて生物兵器を開発しているとの主張を開戦後に展開し始めた（*TACC*, 2022. 3. 6.）。ウクライナ保健省が生物兵器開発に関与しており、開戦後に証拠隠滅を図ったことを示す文書をロシア軍が押収したというものだが、それ以上の具体的な証拠は示されていない。3月にはプーチンも「ウクライナに米国の生物兵器研究ネットワークが存在する」と主張したが（TACC, 2022. 3. 16.）、物証を欠くことは同様である。

そして、核兵器や生物兵器に関するロシアの主張は、最終的に同じところに帰着する。ロシアがウクライナの大量破壊兵器開発に気づいていたというなら、国連安保理の常任理事国としてこれを国連で話し合おうとしなかったのはなぜなのか。北朝鮮やイランに関しては六者協議のメンバーとして実務的な解決を目指してきたロシアが、なぜウクライナに関してだけは突然の軍事力行使に訴えたのか。これらの点は、ロシア側の公式見解においては明確に説明されていない。

より正確に述べるならば、ロシアは開戦後になってからこの問題を国連安保理で提起してはおり、8月にはそのために生物兵器禁止条約（BWC）締約国会議まで招集している。しかし、これらの場におけるロシアの主張はことごとく国際的な支持を得られないままで終わっており（Quinn, September 2022）、ロシア外務省自身も「ロシアが提出した主張の大部分が適切に対応されることなく終わった」と不満を表明する結果となった（МИД России, 2022. 9. 13.）。要は、ウクライナの生物兵器開発に関するロシアの主張はほとんど相手にされなかったと言える。

†ロシアはなぜ北欧を攻撃しないのか

最後の③は、ウクライナがＮＡＴＯに加盟すればロシアの安全保障を脅かすという主張である。この主張自体には一定の理があろう。ロシアとウクライナは長大な国境を共有している上、モスクワまで最も近いところで４５０kmに過ぎない。仮にウクライナのＮＡＴＯ加盟が実現すればロシアの戦略縦深《せんりゃくじゅうしん》が大幅に後退し、プーチンが述べるように、ごく短時間でミサイルが飛来することもあり得る。

問題は、ウクライナのＮＡＴＯ加盟は差し迫っていたのか、という点にある。ロシアがバイデン政権のウクライナ政策に神経を尖らせていたことは第1章で触れたが、結果的に、この懸念は半分しか当たらなかった。つまり、クリミアの強制併合を認めないとの姿勢をバイデンはたしかに打ち出したが、それ以上踏み込んでウクライナに大規模な軍事援助を行うとか、ＮＡＴＯ加盟を後押しするような素振りは慎重に回避したのである。

現実問題として考えても、ウクライナのＮＡＴＯ加盟は困難であった。２０１４年の第一次ロシア・ウクライナ戦争以降、ドンバスは紛争地域であり続けてきた。このような状態でウクライナがＮＡＴＯに加盟すれば、北大西洋条約第5条に定められた集団防衛条項が発動し、ロシアとの直接戦争に発展しかねない。バイデン政権が２０２１年以降、ロシアとの戦争回避を至上命題としてウクライナ問題に対処してきたことを考えても、NATO加盟が差し迫った可能性でなかったことは明らかと言えよう。

しかも、第二次ロシア・ウクライナ戦争の開戦後には、スウェーデンとフィンランドがNATO加盟の意向を表明し、実際に6月には加盟が承認されている。両国が冷戦期以来守ってきた中立の方針を捨てたこと――特に「ソ連寄り中立」であったフィンランドがNATOに加盟してしまうという事態は、本来ならウクライナのNATO加盟に匹敵する危機であろう。

ところが、ロシア側からは外務省による形式的な非難（МИД России, 2022. 5. 16.; МИД России, 2022. 5. 12.）を除いてあまり激烈な反応は見られず、散発的な領空侵犯やエネルギー供給をめぐる小規模な報復が行われるに留まった。さらにプーチン大統領に至っては、6月末に開催されたカスピ海沿岸諸国との首脳会議の席上、「（両国のNATO加盟について）心配することは何もない。まぁ、そうしたいというのだから、そうしてください」と述べた（Администрация Президента Российской Федерации, 2022. 6. 29.）。

たしかにプーチンは、もしスウェーデンとフィンランドにNATOの軍事部隊や軍事インフラが展開されれば同様の対応を取る、という但し書きをつけてはいる。ただ、これは「もし」の話であって、法的な加盟が直ちにロシアとの軍事的対立につながるとか、軍事力行使を招くとは述べていない（「繰り返しますが、我々に対する脅威が生まれた場合には、です」とプーチンは念を押している）。

ＮＡＴＯとロシアとの関係性を定めた１９９７年の「ＮＡＴＯ＝ロシア基本文書」に照らすなら、これは全く合理的な対応と言えるだろう。同文書第Ⅳ章では、ＮＡＴＯは新規加盟国に核兵器やその前方貯蔵施設を設置せず、また大規模な戦闘部隊を追加的に恒久配備しないとされているからである（NATO, 1997.5.27.）。プーチンが述べたのは、ＮＡＴＯがこの約束を破れば報復するが、そうでない限りにおいてはスウェーデンとフィンランドの新規加盟は問題ではないということである。

だが、純粋に軍事的に見るならば、スウェーデンとフィンランドのＮＡＴＯ加盟が「心配することは何もない」という結論になるかどうかは疑わしい。ロシアとフィンランドの国境は１４００㎞にも及び、しかもそこにはごく少数のロシア軍しか配備されてこなかった。また、フィンランド国境からモスクワまでは最短で７９０㎞弱、既にＮＡＴＯ加盟を果たしているラトビアからだと５９０㎞弱に過ぎないし、ロシア軍の核抑止力を担うコラ半島のセヴェロモルスク原潜基地までは、やはりかねてよりのＮＡＴＯ加盟国であるノルウェー国境から２３０㎞弱である。

単にミサイルの到達時間を問題にするならば、まだ可能性の問題に過ぎないウクライナよりも、これらの国々の方がよほど脅威ではないだろうか。ラトビアやノルウェーは既に正式なNATO加盟国であるから別だとしても、フィンランドやスウェーデンに対しては加盟前に先制攻撃をかけるとか、経済・エネルギー制裁の脅しをかけるといったことをしてもおかしくなかったように思われる。だが、現実には、プーチンの反応は「心配することは何もない」であった。

†プーチンの野望説とその限界

逆に考えてみよう。スウェーデン・フィンランドのNATO加盟が条件付きで受け入れ可能なのだとすれば、ロシアはなぜ、ウクライナに対しても同じような反応を示さないのだろうか。

プーチンの言い分は、「ウクライナはロシアを揺るがす反ロシアの拠点としてNATOに利用されているから」、「ロシア語やロシア文化に挑戦し、自分たちがロシア世界の一部だと感じている人々を迫害しているから」というものであり、これは2021年7月12日の論文や2022年2月21日のビデオ演説で述べられてきたこととほぼ同じである。

したがって、スウェーデン・フィンランドのNATO加盟問題とウクライナは全く同列に論じられないとプーチンは主張するわけだが、すると問題の本質はNATO拡大ではな

く、ウクライナという国家をロシアとの関係においてどう位置づけるかだった――という
ことになりはしないか。

平たく言えば、「自分の代でルーシ民族の再統一を成し遂げるのだ」といった民族主義的野望のようなものを想定しないと、スウェーデン・フィンランドのNATO加盟をめぐるプーチンの振る舞いにはうまく説明がつかないように思われるのである。

この場合、NATO不拡大などの西側に対する要求は外交的ブラフに過ぎず（合意文書案を公表しながら交渉を迫るという手法が外交的常識に反することは第2章で述べた）、プーチンのウクライナに対する執着により強くドライブされていたということになる。これまで幾度か取り上げてきたプーチンの言説を素直に受け取る限り、第二次ロシア・ウクライナ戦争により強く影響したのはこちらの方であるようにも見える。

現時点では、以上は筆者の想像に過ぎない。この戦争の開戦に至る詳細な意思決定過程が明らかにされたとき、実はプーチンの頭の中はNATO拡大への恐怖でいっぱいだったことがわかるのかもしれないし、民族主義的な動機の方が中核であったことが判明するのかもしれない。あるいは両者はプーチンの内部では不可分に結びついており、NATOがウクライナを「反ロシアの拠点」にしようとしていると本気で信じていた、という可能性もある。

また、プーチンの民族主義的野望説では、この戦争がなぜ2022年2月24日に始められなければならなかったのかを説明できない。本節で述べたように、軍事的に見ても、ドンバスの人道的状況からしても、ロシアが直ちに介入を迫られるという状況であったようには到底思われない。ウクライナのNATO加盟が近かったわけでもない。にもかかわらず、プーチンに開戦を決断させた動機は何であったのかは、現時点では「よくわからない」と認めるほかないだろう。

いずれかの将来にロシアの政治体制が大きく変わったとき、歴史研究者たちがこの戦争について何を発掘してくるのか。今はそのような日の訪れを待つほかあるまい。

おわりに

†「古い戦争」としての第二次ロシア・ウクライナ戦争

以上、本書では、第二次ロシア・ウクライナ戦争の推移を辿りながら筆者なりの考察を展開してきた。そこで「おわりに」では、これまでの議論を総括するとともに、今後に関する若干の展望や、筆者の意見を述べてみたい。

第一に、この戦争は極めて古典的な様相を呈する「古い戦争」である。無人航空機やHIMARSといったハイテク技術の活用、情報戦や内通者の手引きに代表される非軍事的闘争手段が用いられていることはたしかであり、それらはそれぞれに大きな効果を発揮している。しかし、戦争全体の趨勢により大きな影響を及ぼしたのは、侵略に対するウクライナ国民の抗戦意志、兵力の動員能力、火力の多寡といった、より古典的な要素であった。

とすると、この戦争が最終的にどのような形で終結するにせよ、そこに決定的な影響を及ぼすのは（ハイブリッド戦争理論が重視する「戦場の外部」ではなく）「戦場の内部」――歴史上多くの戦争の勝敗を分けてきた、暴力闘争の場になるのではないだろうか。

別の角度から見ると、これは、実際に高烈度の戦争に対処できる能力を持たなければ抑止力の信憑性を保てないことを示唆する。テクノロジーや非軍事的闘争手段による「新しい戦争」に備えること自体の重要性は低下しないとしても、それは「古い戦争」への備えを無視してよいことを意味しないのである。この点は、我が国の抑止力をめぐる議論においても重要な論点となろう。

†逃れられない核の呪縛

これに関連する第二点として、核抑止は依然として大国の行動を強く縛っている、ということを今回の戦争は明確に示した。本書で繰り返し描いてきたように、米国をはじめとする西側諸国がウクライナに対する直接介入はもちろん、戦車や戦闘機の供与にすら二の足を踏まざるを得ない背景には、ロシアの核戦力に対する恐怖が常に存在している。この点はロシアについても同様であり、核同盟であるNATOとの直接衝突は避けざるを得ないからこそ、「エスカレーション抑止」のための核使用には踏み切ることができていない。

核兵器が人類の破滅にさえ繋がりかねない破壊力を持ち、人類が暴力に対して脆弱な物理的存在である以上、その恐怖は究極の抑止力として機能する（してしまう）のである。

仮想敵国全てが核保有国である我が国にとっても、この事態は他人事ではない。日米同盟によって米国の拡大抑止（要するに「核の傘」）を受けている日本がウクライナのように大国から直接侵略される蓋然性は低いとしても、台湾はこのような保障を持たないという点でウクライナとよく似た状況に置かれている。したがって、仮に台湾有事が発生した場合、日本の役回りはポーランドのそれに類似したもの——被侵略国に対して軍事援助を提供するための兵站ハブや、ＩＳＲ支援を行うアセットの発進基地になる可能性が高い。

これは我が国が核兵器を持つ侵略国（台湾有事の場合で言えば中国）の核恫喝を受けることを意味しているから、日本がこうした立場に立つべきかどうかは国民的な議論を必要としよう。だが、現状ではそうした議論自体が行われていないわけであり、このままでは将来の軍事的危機事態に明確な国民的合意なしでずるずると巻き込まれていくことになるのではないか。

†主体的な議論の必要性

第三に、この戦争は「どっちもどっち」と片づけられるものではない。やはり本書で描いてきたように、ゼレンシキーは決して完全無欠のリーダーではないし、バイデン政権にも（今の目で見れば）ロシアを止めるためにあらゆる手を尽くせたとは言えない。

しかし、それでもこの戦争の第一義的な責任はロシアにある。その動機は大国間のパワーバランスに対する懸念であったのかもしれないし、あるいはプーチンの民族主義的な野望であったのかもしれないが、一方的な暴力の行使に及んだ側であることには変わりはない。開戦後に引き起こされた多くの虐殺、拷問、性的暴行などについては述べるまでもないだろう。

この点を明確に踏まえることなしに、ただ戦闘が停止されればそれで「解決」になるという態度は否定されねばならない。これはウクライナという国家が置かれた立場をめぐる道義的な議論にとどまらず、我が国が戦争に巻き込まれた場合（あるいは我が国周辺で戦争が発生した場合）にそのまま跳ね返ってきかねない問題だからである。それゆえに、日本としてはこの戦争を我が事として捉え、大国の侵略が成功したという事例を残さないように努力すべきではないか。軍事援助は難しいとしても、難民への生活支援、都市の再建、地雷除去など、できることは少なくないはずだ。

第二次ロシア・ウクライナ戦争勃発後の2022年6月、NATOは「戦略概念」を12年ぶりに改訂した。その冒頭に述べられているのは、「欧州・大西洋空間はもはや安全ではない」という情勢認識であり（NATO, 2022. 6. 29.）、この点は日本を取り巻くインド太平洋空間にも当てはまるだろう。巨大な戦争という現象は、歴史の教科書の中だけの存在ではなく、我が国がそのような事態に巻き込まれたらどうすべきか、そうならないために何をしておくべきかは今から真剣に検討しておく必要がある。

もちろん、その事実に対して我が国がどうすべきであるのかはまた別の問題である。非武装中立から現状維持、さらには核武装中立に至るまで、考えられるオプションは無数に存在する(ちなみに筆者はこれらのいずれにも同意しない)。だが、現在の日本は、そうしたオプションそれぞれを天秤に掛けて検討し抜いていないのではないか。このように筆者なりの問題提起を行って、本書を締めくくることにしたい。

あとがき――小さな名前のために

「あとがき」を書く時間には独特の解放感がある。それは一冊の本を書き終えたことを意味するからであり、つまりは膨大な資料を読んだり、論を組み立てるために頭を悩ませたり、目をしょぼつかせながら深夜にキーボードを叩かなくてもよくなるということである（実際には原稿を書き終えてから本になるまでは多くの作業がまだ待っているのだが、それはそれとして）。

ただ、この文章を書いている2022年9月現在、そうした解放感はいまひとつ薄い。戦争は今も予断を許さない状態で続いており、その中でウクライナ軍の反攻、ロシアでの部分動員の実施といった事態が現在進行形で続いているためだ。一つの事象を描き切ったという満足感はあまりなく、先行きの不透明感ばかりが募るようでもある。

第二次ロシア・ウクライナ戦争――といえば「ロシア軍」とか「ウクライナ軍」という名前の巨大な戦争マシーン同士が殴り合っているような印象があるだろう。マクロにはそのとおりではあるのだが、ミクロな視点にまで踏み込めばそこには全く違う情景が広がっているはずだ。

動員によってまだ扱いも不慣れな銃を持たされ、前線へ投入される兵士たち、家を失ったり家族を殺されて途方に暮れる紛争地域の住民、もはや涙を流すこともできない多くの死者――そうした人々をこの戦争は今も産み続けている。彼らの名はナターリヤであり、イホールであり、セルゲイであろう。生まれながらのウラジミールという名をヴォロディミルと発音せざるをえない人々もいれば、戦士としての二つ名を名乗る者、あるいは名前さえわからずに通し番号だけ付けられて葬られる遺体もある。

それらひとつひとつの名前を取り上げることを、本書ではしなかった。本書に登場する名前は、軍隊や国家指導部に関するものが圧倒的多数を占めており、つまりはマクロな観点からこの戦争を扱っている。ロシアの軍事政策というそれ自体がマクロな現象を扱う上で、それは宿命のようなものであろう。

ただ、繰り返すならば、そこにはミクロな現実が――多くは悲劇的な現実が存在している。それゆえに、本書の最後には、小さないくつもの名前に言及しておきたいと考えた次第である。

本書は、読み上げきれない無数の小さな名前たちに捧げられている。

＊

なお、本書は、筑摩書房の山本拓さんの勧めによって世に出ることになった。筆者としては戦況がいずれ一段落ついたところで、と考えていたのだが、結果的には執筆作業を通じてこの戦争に対する解像度をぐんと増すことができた。厚くお礼を申し上げたい。

また、防衛研究所の山添博史氏は筆者の原稿を非常に丁寧にレビューしてくださった。おかげさまで細かい事実から論理的整合性に至るまで、多くの誤りや改善点を見つけることができた。もちろん、それでも残る不備は全て筆者の責任である。

外務省の外交・安全保障調査研究事業費補助金についても言及しないわけにはいかない。筆者らは2020年からこの枠組みの下で多くの研究活動を実施し、安全保障に関する知見の蓄積や国際的なネットワーク構築を進めることができた。その成果は本書にも直接・間接に反映されており、多少なりとも国費による研究を社会に還元できたのではないかと自負している。

最後に、妻のエレーナと娘のありさにも感謝の言葉を述べたい。日々の大学業務と研究活動、戦争によって激増したメディア出演に本の執筆という仕事が加わったことで、家族との時間を随分犠牲にしてしまった。それでも連日帰りの遅い筆者を見守ってくれた二人の理解なくしては、本書を比較的タイムリーに世に問うことはできなかっただろう。願わくば、この戦争からあらゆる人々が解放されて、我が家にも平穏が戻るように祈りたい。

2022年9月

小泉 悠

参考文献

日本語資料

石津朋之「「軍事革命」の歴史について——「ナポレオン戦争」を中心に」『戦史研究年報』第4号、2001年3月

ヴェリコヴィッチ、ブレット、クリストファー、S・スチュワート著、北川蒼訳『ドローン情報戦　アメリカ特殊部隊の無人機戦略最前線』原書房、2018年（原題：Brett Velicovich and Christopher S. Stewart, Drone Warrior: An Elite Soldier's Inside Account of the Hunt for America's Most Dangerous Enemies〔New York: Dey Street Books, 2017〕）

金成隆一「ウクライナがわざと壊した自国の空港——「これが決定的」司令官の回顧」『朝日新聞』2022年8月24日、https://digital.asahi.com/articles/ASQ8G6GFZQ5ZUHBI005.html.

国末憲人、竹花徹朗「路上には隣人や幼なじみの遺体……ブチャの住民「ウクライナ系を選別」」『朝日新聞』2022年4月14日、https://digital.asahi.com/articles/ASQ4G4TYHQ4GUHBI00C.html.

倉井高志『世界と日本を目覚めさせたウクライナの「覚悟」』PHP研究所、2022年

クラウゼヴィッツ、カール・フォン著、清水多吉訳『戦争論　上』中公文庫、2001年

クレフェルト、マーチン・ファン著、石津朋之監訳『戦争の変遷』原書房、2011年（原題：Martin van Creveld, *The Transformation of War*〔New York: The Free Press, 1991〕）

ゲヴォルクヤン、ナタリア、ナタリア・チマコワ、アンドレイ・コレスニコフ著、高橋則明訳『プーチン、自らを語る』扶桑社、2000年

小泉悠『「帝国」ロシアの地政学——「勢力圏」で読むユーラシア戦略』東京堂出版、2019年

小泉悠『現代ロシアの軍事戦略』ちくま新書、2021年

合六強「長期化するウクライナ危機と米欧の対応」『国際安全保障』第48巻第3号（2020年12月）

坂口幸裕「米大統領直轄チーム、対ロ機密を異例開示　侵攻抑止狙う」『日本経済新聞』2022年2月16日

佐原徹哉「アゾフ・ノート——ウクライナ戦争とパラミリタリー」『国際武器移転史』第14号（2022年7月）、75-94頁。

ドルマン、エヴァレット・カール著、桃井緑美子訳『21世紀の戦争テクノロジー——科学が変える未来の戦争』河出書房新社、2016年（原題：Everett Carl Dolman, *Can Science End War?*〔Cambridge: Polity, 2016〕）

ハワード、マイケル著、奥山真司監訳『クラウゼヴィッツ　『戦争論』の思想』勁草書房、2021年（原題：Michael Howard, *Clausewitz: A Very Short Introduction*〔Oxford: Oxford University Press, 2002〕）

マクフォール、マイケル著、松島芳彦訳『冷たい戦争から熱い平和へ——プー

チンとオバマ、トランプの米露外交　下』白水社、2020年（原題：Michael McFaul, *From Cold War to Hot Peace: The Inside Story of Russia and America* (Penguin Books, 2019).）
真野森作、三木幸治「「ここは地獄だ」 問答無用で射殺、連日レイプ　ブチャ市民らの証言」『毎日新聞』2022年5月5日、https://mainichi.jp/articles/20220505/k00/00m/030/100000c.
ルデンコ、セルヒー著、安藤清香訳『ゼレンスキーの素顔　真の英雄か、危険なポピュリストか』PHP研究所、2022年
『CNN.co.jp』「米からウクライナに供与のロケット砲、ロシア軍の新たな問題に」2022年7月21日、https://www.cnn.co.jp/world/35190709-2.html.

英語資料

ACLED, https://acleddata.com/dashboard/#/dashboard.
Adamsky, Dmitry (Dima), "Nuclear Incoherence: Deterrence Theory and Non-Strategic Nuclear Weapons in Russia," *Journal of Strategic Studies*, Vol. 37, No. 1 (2013), pp. 91–134.
Aza, Hibai Arbide and Miguel González, "US offered disarmament measures to Russia in exchange for deescalation of military threat in Ukraine," *EL PAÍS*, 2022. 2. 2, https://english.elpais.com/usa/2022-02-02/us-offers-disarmament-measures-to-russia-in-exchange-for-a-deescalation-of-military-threat-in-ukraine.html.
Ball, Tom, "Putin 'purges' 150 FSB agents in response to Russia's botched war with Ukraine," *The Times*, 2022. 4. 11, https://www.thetimes.co.uk/article/putin-purges-150-fsb-agents-in-response-to-russias-botched-war-with-ukraine-lf9k6tn6g.
Bartles, Charles K., *Dvornikov's Reforms: Tactical Training in the Southern Military District* (RUSI, 2022. 6. 9), https://rusi.org/explore-our-research/publications/commentary/dvornikovs-reforms-tactical-training-southern-military-district.
BBC, "Ukraine war: Russia accuses US of direct role in Ukraine war," 2022. 8. 2, https://www.bbc.com/news/world-europe-62389537.
BBC, "Vice President Joe Biden's son joins Ukraine gas company," 2014. 5. 14, https://www.bbc.com/news/blogs-echochambers-27403003.
Berkowitz, Bonnie and Artur Galocha, "Why the Russian military is bogged down by logistics in Ukraine," *Washington Post*, 2022. 3. 30, https://www.washingtonpost.com/world/2022/03/30/russia-military-logistics-supply-chain/.
Biden Jr., Joseph R., "President Biden: What America Will and Will Not Do in Ukraine," *New York Times*, 2022. 5. 31, https://www.nytimes.com/2022/05/31/opinion/biden-ukraine-strategy.html.
Borogan, Irina and Andrei Soldatov, Putin Places Spies Under House Arrest (Center for European Policy Analysis, 2022. 3. 11), https://cepa.org/putin-places-spies-under-house-arrest/.

Bronk, Justin, *The Mysterious Case of the Missing Russian Air Force* (RUIS, 2022. 2. 28), https://rusi.org/explore-our-research/publications/commentary/mysterious-case-missing-russian-air-force.

Budjeryn, Mariana and Matthew Bunn, "Ukraine building a nuclear bomb? Dangerous nonsense," *Bulletin of the Atomic Scientists*, 2022. 3. 9, https://thebulletin.org/2022/03/ukraine-building-a-nuclear-bomb-dangerous-nonsense/.

Bukkvoll, Tor, "Iron Cannot Fight – The Role of Technology in Current Russian Military Theory," *Journal of Strategic Studies*, Vol. 34, No. 5 (2011), pp. 681–706.

Cagan, Debra, John Herbest and Alexander Vershbow, "US must arm Ukraine now, before it's too late," *The Hill*, 2022. 8. 17, https://thehill.com/opinion/national-security/3605064-us-must-arm-ukraine-now-before-its-too-late/.

Clarke, Michael, "Viewpoint: Putin now faces only different kinds of defeat," *BBC*, 2022. 5. 8, https://www.bbc.com/news/world-europe-61348287.

Cooper, Helene and Julian E. Barnes, "80,000 Russian Troops Remain at Ukraine Border as U.S. and NATO Hold Exercises," *New York Times*, 2021. 9. 1, https://www.nytimes.com/2021/05/05/us/politics/biden-putin-russia-ukraine.html.

Demirjian, Karoun, Josh Dawsey, Ellen Nakashima and Carol D. Leonnig, "Trump ordered hold on military aid days before calling Ukrainian president, officials say" *Washington Post*, 2019. 9. 23, https://www.washingtonpost.com/national-security/trump-ordered-hold-on-military-aid-days-before-calling-ukrainian-president-officials-say/2019/09/23/df93a6ca-de38-11e9-8dc8-498eabc129a0_story.html.

Durkalec, Jacek, *Nuclear-Backed 'Little Green Men:' Nuclear Messaging in the Ukraine Crisis* (Warsaw: The Polish Institute of International Affairs, 2015).

Élysée, *The President of the Republic spoke with the President of the United States, Mr. Joe BIDEN and the President of the Russian Federation, Mr. Vladimir PUTIN*, 2022. 2. 20, https://www.elysee.fr/en/emmanuel-macron/2022/02/20/spoke-with-the-president-biden-and-the-president-poutine.

EU vs DiSiNFO, "Disinfo: An Ukrainian Drone Kills a 5 Year Old Child Near Donetsk," 2021. 4. 12, https://euvsdisinfo.eu/report/an-ukrainian-drone-kills-a-5-years-old-child-near-donetsk.

Fink, Anya and Michael Kofman, *Russian Strategy for Escalation Management: Key Debates and Players in Military Thought* (Washington D.C.: CNA Corporation, 2020), https://www.cna.org/CNA_files/PDF/DIM-2020-U-026101-Final.pdf.

Fiore, Nicolas J., "Defeating the Russian Battalion Tactical Group," *ARMOR* (Spring 2017), p. 12, https://www.benning.army.mil/Armor/eARMOR/

content/issues/2017/Spring/ARMOR%20Spring%202017%20edition.pdf.
Foreign, Commonwealth & Development Office and The Rt Hon Elizabeth Truss MP, *Kremlin plan to install pro-Russian leadership in Ukraine exposed*, 2022. 1. 22, https://www.gov.uk/government/news/kremlin-plan-to-install-pro-russian-leadership-in-ukraine-exposed?itid=lk_inline_enhanced-template.
Galeotti, Mark, *Heavy Metal Diplomacy: Russia's Political Use of its Military in Europe since 2014, Policy Brief*, No. 200 (December 2016), https://ecfr.eu/wp-content/uploads/Heavy_Metal_Diplomacy_Final_2.pdf.
Grau, Lester W. and Charles K. Bartles, *Getting to Know the Russian Battalion Tactical Group* (The Royal United Services Institute for Defence and Security Studies (RUSI), 2022. 2. 14), https://rusi.org/explore-our-research/publications/commentary/getting-know-russian-battalion-tactical-group.
The Guardian, "Ukraine crisis: Scholz heads to Kyiv amid fears invasion is imminent," 2022. 2. 14, https://www.theguardian.com/world/2022/feb/14/ukraine-crisis-scholz-heads-to-kyiv-amid-fears-invasion.
Harding, Emily, *Scenario Analysis on a Ukrainian Insurgency* (CSIS, 2022. 2. 15), https://www.csis.org/analysis/scenario-analysis-ukrainian-insurgency.
Harris, Shane, Karen DeYoung and Isabelle Khurshudyan, "The Post examined the lead-up to the Ukraine war. Here's what we learned," *Washington Post*, 2022. 8. 16, https://www.washingtonpost.com/national-security/2022/08/16/ukraine-road-to-war-takeaways/.
Harris, Shane and Paul Sonne, "Russia planning massive military offensive against Ukraine involving 175,000 troops, U.S. intelligence warns," *Washington Post*, 2021. 12. 3, https://www.washingtonpost.com/national-security/russia-ukraine-invasion/2021/12/03/98a3760e-546b-11ec-8769-2f4ecdf7a2ad_story.html.
Hoffman, Frank, *Conflict in the 21st Century: The Rise of Hybrid Wars* (Arlington: Potomac Institute for Policy Studies, 2007).
Hooker, Jr., Richard D., "A no-fly zone over Ukraine? The case for NATO doing it," *New Atlanticist*, 2022. 3. 18, https://www.atlanticcouncil.org/blogs/new-atlanticist/a-no-fly-zone-over-ukraine-the-case-for-nato-doing-it/.
The International Institute for Strategic Studies (IISS), *The Military Balance 2022* (London: Routledge, 2022).
Janes, "Russia builds up forces on Ukrainian border," December 2021, https://www.politico.com/f/?id=0000017d-a0bd-dca7-a1fd-b1bd6cb10000.
Kaldor, Mary, *New and Old Wars: Organized Violence in a Global Era*, 3rd Edition (Cambridge: Polity Press, 2012).
Kaplan, Fred, *The Bomb: Presidents, Generals, and the Secret History of Nuclear War* (New York: Simon & Schuster, 2020).
Kimmage, Michael and Maria Lipman, "Putin's Hard Choices," *Foreign Affairs*, 2022. 5. 31, https://www.foreignaffairs.com/articles/russian-

federation/2022-05-31/putins-hard-choices.
Kipp, Jacob, "Russia's Nonstrategic Nuclear Weapons," *Military Review* (May-June 2001), https://community.apan.org/wg/tradoc-g2/fmso/m/fmso-monographs/243754.
Knox, MacGregor and Williamson Murray, "Thinking about Revolutions in Warfare," MacGregor Knox and Williamson Murray, eds., *The Dynamics of Military Revolution, 1300–2050* (New York: Cambridge University Press, 2001).
Kroenig, Matthew, "Facing Reality: Getting NATO Ready for a New Cold War," *Survival*, Vol. 57, No. 1 (February-March 2015).
Kumar, Deepak, *Early Military Lessons from Russia's Special Military Operation in Ukraine* (Manohar Parrikar Institute for Defence Studies and Analyses, 2022. 3. 28), https://www.idsa.in/system/files/issuebrief/ib-russias-special-military-operation-dkumar.pdf.
Lemon, Jason, "Ukraine HIMARS Destroy More Than 100 'High Value' Russian Targets: Official," *Newsweeek*, 2022. 7. 22, https://www.newsweek.com/ukraine-himars-destroy-high-value-russian-targets-1727253.
Lillis, Katie Bo and Natasha Bertrand, "US war-gamed with Ukraine ahead of counteroffensive and encouraged more limited mission," *CNN*, 2022. 9. 1, https://edition.cnn.com/2022/08/31/politics/ukraine-us-wargames-counteroffensive/index.html.
Lind, William S, Keith Nightengale, John F Schmitt, Joseph W Sutton, Gary I Wilson, "The Changing Face of War: Into the Fourth Generation," Marine Corps Gazette Vol. 73, No. 10 (October 1989), pp. 22–26.
Lubold, Gordon, Michael R. Gordon and Yaroslav Trofimov, "U.S. Warns of Imminent Russian Invasion of Ukraine With Tanks, Jet Fighters, Cyberattacks," *The Wall Street Journal*, 2022. 2. 18, https://www.wsj.com/articles/ukraine-troops-told-to-exercise-restraint-to-avoid-provoking-russian-invasion-11645185631.
Mackinnon, Amy, "Russia's Wagner Group Doesn't Actually Exist," *Foreign Policy*, 2021. 7. 6, https://foreignpolicy.com/2021/07/06/what-is-wagner-group-russia-mercenaries-military-contractor/.
McFate, Sean, *The New Rules of War: Victory in the Age of Durable Disorder* (New York: William Morrow, 2019).
Miller, Greg and Catherine Belton, "Russia's spies misread Ukraine and misled Kremlin as war loomed," *Washington Post*, 2022. 8. 19, https://www.washingtonpost.com/world/interactive/2022/russia-fsb-intelligence-ukraine-war/.
NATO, *NATO 2022 Strategic Concept*, 2022. 6. 29, https://www.nato.int/nato_static_fl2014/assets/pdf/2022/6/pdf/290622-strategic-concept.pdf.
NATO, *Founding Act on Mutual Relations, Cooperation and Security between NATO and the Russian Federation signed in Paris, France*, 1997. 5. 27, https://www.nato.int/cps/en/natohq/official_texts_25468.htm.

The New Voice of Ukraine, "Foreign Minister Dmytro Kuleba: No matter how difficult it may be, we cannot give up," 2022. 3. 16, https://english.nv.ua/nation/foreign-minister-dmytro-kuleba-no-matter-how-difficult-it-may-be-we-cannot-give-up-50225539.html.

O'Brien, Phillips Payson and Edward Stringer, "The Overlooked Reason Russia's Invasion Is Floundering," *The Atlantic*, 2022. 5. 10, https://www.theatlantic.com/ideas/archive/2022/05/russian-military-air-force-failure-ukraine/629803/.

Office of the United Nations High Commissioner for Human Rights (OHCHR), *Conflict-related civilian casualties in Ukraine* (2022), https://ukraine.un.org/en/download/96187/168060.

OHCHR, *Report on the human rights situation in Ukraine 16 November 2015 to 15 February 2016*, https://www.ohchr.org/sites/default/files/Documents/Countries/UA/Ukraine_13th_HRMMU_Report_3March2016.pdf.

OHCHR, *Conflict-Related Sexual Violence in Ukraine 14 March 2014 to 31 January 2017*, https://www.ohchr.org/sites/default/files/Documents/Countries/UA/ReportCRSV_EN.pdf.

Peuchot, Emmanuel, "Mother Remembers 'Brutal' Soldiers Who Terrorised Bucha," *BARRON'S*, 2022. 4. 5, https://www.barrons.com/news/mother-remembers-brutal-soldiers-who-terrorised-bucha-01649212207.

Pifer, Steven, "Why care about Ukraine and the Budapest Memorandum," *ORDER FROM CHAOS*, 2019. 12. 5, https://www.brookings.edu/blog/order-from-chaos/2019/12/05/why-care-about-ukraine-and-the-budapest-memorandum/.

Ponomarenko, Illia, "Why Ukraine struggles to combat Russia's artillery superiority," *The Kyiv Independent*, 2022. 8. 12, https://kyivindependent.com/national/why-ukraine-struggles-to-combat-russias-artillery-superiority.

Quinn, Leanne, "Russia Calls Meeting of Biological Weapons Convention," *ARMS CONTROL TODAY* (September 2022), https://www.armscontrol.org/act/2022-09/news/russia-calls-meeting-biological-weapons-convention.

Radin, Andrew, *et. al*, *The Future of the Russian Military: Russia's Ground Combat Capabilities and Implications for U.S.-Russia Competition* (Santa Monica: RAND Corporation, 2019).

Reuters, "Russia has sent some 30,000 combat troops, modern weapons to Belarus, NATO says," 2022.2.3, https://www.reuters.com/world/europe/russia-has-sent-some-30000-combat-troops-modern-weapons-belarus-nato-says-2022-02-03/.

Rondeaux, Candace, Ben Dalton and Jonathan Deer, "Wagner Group Contingent Rusich on the Move Again," *NEW AMERICA*, 2022. 1. 26, https://www.newamerica.org/future-frontlines/blogs/wagner-group-contingent-rusich-on-the-move-again/.

Sabbagh, Dan, "Putin involved in war 'at level of colonel or brigadier', say

western sources," *The Guardian*, 2022. 5. 16, https://www.theguardian.com/world/2022/may/16/putin-involved-russia-ukraine-war-western-sources.

Salama, Vivian, "Ukraine's Defense Minister Says It Has 'Passed Test' on New U.S. Guided Rockets, Needs More," *The Wall Street Journal*, 2022. 7. 10, https://www.wsj.com/articles/ukraines-defense-minister-says-it-has-passed-test-on-new-u-s-guided-rockets-needs-more-11657455388.

Savage, Charlie, Adam Goldman and Eric Schmitt, "U.S. Will Give Terrorist Label to White Supremacist Group for First Time," *New York Times*, 2020. 4. 6, https://www.nytimes.com/2020/04/06/us/politics/terrorist-label-white-supremacy-Russian-Imperial-Movement.html.

Smith, Rupert, *The Utility of Force: The Art of War in the Modern World* (UK: Penguin Books, 2005).

Sokov, Nikolai N., "Why Russia calls a limited nuclear strike "de-escalation"," *Bulletin of the Atomic Scientists*, 2014. 3. 13, https://thebulletin.org/2014/03/why-russia-calls-a-limited-nuclear-strike-de-escalation/.

Soldatov, Andrei and Irina Borogan, *The Red Web: The Struggle Between Russia's Digital Dictators and the New Online Revolutionaries* (New York: Public Affairs, 2015).

Sonne, Paul, Robyn Dixon and David L. Stern, "Russian troop movements near Ukraine border prompt concern in U.S., Europe," *Washington Post*, 2021. 10. 30, https://www.washingtonpost.com/world/russian-troop-movements-near-ukraine-border-prompt-concern-in-us-europe/2021/10/30/c122e57c-3983-11ec-9662-399cfa75efee_story.html.

Trofimov, Yaroslav and Matthew Luxmoore, "Ukraine's Zelensky Says a Cease-Fire With Russia, Without Reclaiming Lost Lands, Will Only Prolong War," *The Wall Street Journal*, 2022. 7. 22, https://www.wsj.com/articles/ukraines-zelensky-says-a-cease-fire-with-russia-without-reclaiming-lost-lands-will-only-prolong-war-11658510019.

Tsypkin, Mikhail, "The Russian Military, Politics and Security Policy in the 1990s," Michael H. Crutcher, ed., *The Russian Armed Forces at the Dawn of the Millennium* (Carlisle: U.S. Army War College, 2000).

Vershinin, Alex, "Feeding the Bear: A Closer Look at Russian Army Logistics and the Fait Accompli," *WAR ON THE ROCKS*, 2021. 11. 23, https://warontherocks.com/2021/11/feeding-the-bear-a-closer-look-at-russian-army-logistics/.

Watling, Jack, *The Ukrainian Offensive Must Come in Stages* (RUSI, 2022. 9. 2), https://rusi.org/explore-our-research/publications/commentary/ukrainian-offensive-must-come-stages.

Weiss, Andrew S., "Trump's Confused Russia Policy Is a Boon for Putin," *POLITICO MAGAZINE*, 2019. 6. 25, https://www.politico.com/magazine/story/2019/06/25/trump-putin-russia-weiss-227205/.

Wetzel, Tyson and Barry Pavel, *What are the Risks and Benefits of US/NATO Military Options in Ukraine?* 2022. 3. 9, https://www.atlanticcouncil.

org/wp-content/uploads/2022/03/Risks_and_Benefits_Ukraine.pdf.

Whisler, Greg, "Strategic Command and Control in the Russian Armed Forces: Untangling the General Staff, Military Districts, and Service Main Commands (Part Three)," *The Journal of Slavic Military Studies*, Vo. 33, No. 2 (2020).

The White House, *Joint Statement by the United States and Ukraine*, 2014. 3. 25, https://obamawhitehouse.archives.gov/the-press-office/2014/03/25/joint-statement-united-states-and-ukraine.

ロシア語資料

Барабанов, Михаил, Константин Макиенко, Руслан Пухов, *Военная реформа: на пути к новому облику Российской Армии* (Москва: Валдай Международный Дискуссионный клуб, 2012).

Баунов, Александр, *Вот такой вышины. В чем опасности нового контракта народа и власти* (Московский Центр Карнеги, 2015. 6. 3), https://carnegiemoscow.org/commentary/60307.

Взгляд, "Мединский заявил о предложенном Киевом австрийском или шведском варианте государства," 2022. 3. 16, https://vz.ru/news/2022/3/16/1148826.html.

Военно-промышленный курьер, "Обеспечение безопасности страны–работа многоплановая: Ныне против государств соперники в первую очередь используют отнюдь не средства вооруженной борьбы," No. 3 (420), 2012. 1. 25, https://vpk-news.ru/articles/8568.

Гареев, Махмут, "Мобилизация умов: Наши руководители должны коренным образом изменить отношение к науке," *Военно-промышленный курьер*, No. 12 (676) (2017. 3. 29), https://vpk-news.ru/articles/35876.

Гареев, М. А., *Если завтра война?...: Что изменится в характере вооруженной борьбы в ближайшие 20–25 лет* (Москва: ВлаДал, 1995).

Громова, Анна, "'Ваш ответ разочаровал': МИД опубликовал переписку Лаврова с коллегами из Германии и Франции," *Газета*, 2021. 11. 17, https://www.gazeta.ru/politics/2021/11/17_a_14214985.shtml.

Ze!Team.info, "Зеленский о войне на Донбассе: Хоть с чертом лысым готов договориться," *Украинская правда*, 2018. 12. 26, https://www.pravda.com.ua/rus/news/2018/12/26/7202291/.

International Politics and Society, "Некоторые факты заставляют усомниться, что это исключительно игра мускулами," 2021. 4. 20, https://www.ipg-journal.io/intervju/nekotorye-fakty-zastavljajut-usomnitsja-chto-ehto-iskljuchitelno-igra-muskulami-1283/.

Карнаухов, Антони, Вячеслав Целуйко, "Военная доктрина России и ее Вооруженных сил. Теория и реальность," *Новая армия России* (Москва: Центр анализа стратегий и технологий, 2010).

Картаполов, А. В., "Доклад Уроки конфликтов, перспективы развития средств и способов их ведения," *Вестник академии военных наук*, Vol. 51, No. 2 (2015),

pp. 26–36.

Коваленко, Елена, "Генштаб РФ готовит скрытую мобилизацию – военный эксперт," *УНИАН*, 2022. 5. 7, https://www.unian.net/war/voyna-v-ukraine-vrag-gotovit-skrytuyu-mobilizaciyu-novosti-vtorzheniya-rossii-na-ukrainu-11816952.html.

Conflict Intelligence Team, *Техника Восточного военного округа едет на Запад*, 2022. 1. 12, https://tinyurl.com/huaxmuwf.

Коренев, Евгений, "Эксперт объяснил, как новая Военная доктрина Союзного государства изменит стратегию России и Беларуси," *Евразия Эксперт*, 2022. 2. 17, https://eurasia.expert/kak-novaya-voennaya-doktrina-soyuznogo-gosudarstva-izmenit-strategiyu-rossii-i-belarusi/.

Коротков, Денис, "Они сражались за Пальмиру," *Фонтанка.ру*, 2016. 3. 29, https://www.fontanka.ru/2016/03/28/171/.

Левшин, В. И. А., В. Неделин, М. Е. Сосновский, "О применении ядерного оружия для деэскалации военных действий," *Военная мысль*, No. 3 (1999), pp. 34–47.

Лелич, Милан, "Давид Арахамия: Нам очень близка концепция 'укрепленного нейтралитета'," *РБК Украина*, 2022. 3. 30, https://www.rbc.ua/rus/news/david-arahamiya-nam-blizka-kontseptsiya-ukreplennogo-1648628536.html.

ЛИГА.НОВИНИ, "Народный депутат Украины Андрей Деркач руководил российской агентурной сетью–СБУ," 2022. 6. 24, https://news.liga.net/politics/news/narodnyy-deputat-ukrainy-rukovodil-rossiyskoy-agenturnoy-setyu-sbu.

Лумов, В. И., и Н. П. Багмет, "К вопросу о ядерном сдерживании," *Военная мысль*, No. 6 (2002), pp. 19–26.

Мамонтов, Владимир, "Меняется Россия, меняется и ее военная доктрина," *Известия*, 2009. 10. 14, https://iz.ru/news/354178.

Медведев, Дмитрий, "Почему бессмысленны контакты с нынешним украинским руководством," *Коммерсантъ*, 2021. 10. 11, https://www.kommersant.ru/doc/5028300.

Meduza, "Путин принимал в Кремле командира российских наемников. Что о нем известно?" 2016. 12. 15, https://meduza.io/feature/2016/12/15/putin-prinimal-v-kremle-komandira-rossiyskih-naemnikov-chto-my-o-nem-znaem.

Meduza, "Источник 'Медузы': в армию собираются призвать 1, 2 миллиона человек," 2022. 9. 23, https://meduza.io/feature/2022/09/23/istochnik-meduzy-v-armiyu-sobirayutsya-prizvat-1-2-milliona-chelovek.

Министерство иностранных дел Российской Федерации (МИД России), *Agreement on measures to ensure the security of The Russian Federation and member States of the North Atlantic Treaty Organization*, https://mid.ru/ru/foreign_policy/vnesnepoliticeskoe-dos-e/dvustoronnie-otnosenij-rossii-s-inostrannymi-gosudarstvami/rossia-nato/1790803/?lang=en.

МИД России, *Выступление главы делегации Российской Федерации К. В. Воронцова на консультативном совещании государств–участников Конвенции о запрещении биологического и токсинного оружия* (КБТО) *по статье V*

КБТО, 9 сентября 2022 года, 2022. 9. 13, https://www.mid.ru/ru/foreign_policy/international_safety/disarmament/drugie_vidy_omu/biologicheskoe_i_toksinnoe_oruzhie/1829589/.

МИД России, *Заявление МИД России о членстве Швеции в НАТО*, 2022. 5. 16, https://mid.ru/ru/foreign_policy/news/1813545/.

МИД России, *Заявление МИД России о членстве Финляндии в НАТО*, 2022. 5. 12, https://mid.ru/ru/foreign_policy/news/1812971/.

Мухин, Владимир, "В Белоруссии скоро появятся российские атомные бомбы," *Независимая газета*, 2021. 11. 7, https://www.ng.ru/armies/2021-11-07/2_8294_belorussia.html.

Мухин, Владимир, "Резервистам объявят сбор в сентябре," *Независимая газета*, 2021. 8. 15, https://www.ng.ru/armies/2021-08-15/2_8225_mukhin.html.

Никулин, Виталий, "Цели первого этапа: как ВС РФ решают поставленные на Украине задачи," *Звезда*, 2022. 3. 27, https://tvzvezda.ru/news/20223272229-U3K0Z.html.

Офис Президента Украины, *Украина должна иметь коллективный договор безопасности со всеми соседями при участии ведущих государств мира–Президент*, 2022. 3. 8, https://www.president.gov.ua/ru/news/ukrayina-povinna-mati-kolektivnij-dogovir-bezpeki-zi-vsima-s-73433.

Попов, И. М. и М. М. Хамзатов, *Война будущего: концептуальные основы и практические выводы* (Москва: Кучково поле, 2018).

Попов, Игорь, Война–это мир–по Оруэллу: Новый характер вооруженной борьбы в современной эпохе," *Независимое военное обозрение*, 2014. 4. 11, https://nvo.ng.ru/nvo/2014-04-11/1_war.html.

Попов, Игорь, "Матрица войн современной эпохи: Здравому смыслу мешает инерция мышления," *Независимое военное обозрение*, 2013. 3. 22, https://nvo.ng.ru/concepts/2013-03-22/7_matrix.html.

Путин, Владимир, *Об историческом единстве русских и украинце*, 2021. 7. 12, http://kremlin.ru/events/president/news/66181.

Путин, Владимир, "Новый интеграционный проект для Евразии—будущее, которое рождается сегодня," *Известия*, 2011. 11. 3, https://iz.ru/news/502761?page=1.

Рамм, Алексей, "Губернаторов, ФСБ и полицию в случае войны подчинят военным," *Известия*, 2016. 10. 16, https://iz.ru/news/637442.

ТАСС, "Путин: биолаборатории США на Украине по сути вели разработку биологического оружия," 2022. 3. 16, https://tass.ru/politika/14636173.

ТАСС, "МО РФ сообщило о разрабатываемом на Украине биологическом оружии при финансировании США," 2022. 3. 6, https://tass.ru/armiya-i-opk/13987899.

Украинская правда, "Обмен пленными. Как Зеленский договорился с Путиным об освобождении заложников Кремля," 2019. 9. 7, https://www.pravda.com.ua/rus/articles/2019/09/7/7225631/.

Украинская правда, "Зеленский о войне на Донбассе: Хоть с чертом лысым го-

тов договориться," 2018. 12. 26, https://www.pravda.com.ua/rus/news/2018/12/26/7202291/.

Украинская правда, "Шуфрич рассказал, кто уполномочил Медведчука на переговоры," 2014. 6. 25, https://www.pravda.com.ua/rus/news/2014/06/25/7030123/.

ФЕЙГИН LIVE, "День семьдесят седьмой. Беседа с @Alexey Arestovych Алексей Арестович," 2022. 5. 12, https://www.youtube.com/watch?v=OcSdqg6bLPA.

Фонд Егора Гайдара, *Президенту РФ В. В. Путину - Е. Т. Гайдар. О результатах исследования ИЭПП с привлечением экспертов Государственной Думы и Академии Военных Наук по проблемам реформирования системы комплектования вооруженных сил РФ. Приложение №1. Замысел и план действий*, 2001.7.18, http://gaidar-arc.ru/file/bulletin-1/DEFAULT/org.stretto.plugins.bulletin.core.Article/file/4282.

Чекинов, С. Г. и С. А. Богданов, "Влияние непрямых действий на характер современной войны," *Военная мысль*, No. 6 (2011), pp. 3–13.

Чекинов, С. Г., "Прогнозирование тенденций военного искусства в начальном периоде XXI века," *Военная мысль*, No. 7 (2010), pp. 19–33.

Чивокуня, Виктор, "Кризис Виктора Медведчука," *Украинская правда*, 2007. 6. 20, https://www.pravda.com.ua/rus/articles/2007/06/20/4420161/.

Ямшанов, Борис, "Если завтра война," *Российская газета*, 2010. 4. 9.

ちくま新書
1697

ウクライナ戦争《せんそう》

二〇二二年一二月一〇日　第一刷発行
二〇二三年　二月　五日　第六刷発行

著者　小泉　悠（こいずみ・ゆう）

発行者　喜入冬子
発行所　株式会社　筑摩書房
東京都台東区蔵前二―五―三　郵便番号一一一―八七五五
電話番号〇三―五六八七―二六〇一（代表）
装幀者　間村俊一
印刷・製本　株式会社　精興社

ISBN978-4-480-07528-4 C0231

1572
現代ロシアの軍事戦略
小泉悠
冷戦後、弱小国となったロシアはなぜ世界的な大国であり続けられるのか。メディアでも活躍する異能の研究者が戦争の最前線を読み解き、未来の世界情勢を占う。

1664
国連安保理とウクライナ侵攻
小林義久
5常任理事国の一角をなすロシアの暴挙により、安保理は機能不全に陥った。拒否権という特権の成立から、国連を舞台にしたウクライナ侵攻を巡る攻防まで。

935
ソ連史
松戸清裕
二〇世紀に巨大な存在感を持ったソ連。「冷戦の敗者」「全体主義国家」の印象で語られがちなこの国の内実を丁寧にたどり、歴史の中での冷静な位置づけを試みる。

1694
ソ連核開発全史
市川浩
史上最大の水爆実験から最悪の原発事故、原発大国ウクライナの背景まで。危険や困惑を深めながら推し進められたソ連の原子力計画の実態に迫る、かつてない通史。

1559
ポスト社会主義の政治
――ポーランド、リトアニア、アルメニア、ウクライナ、モルドヴァの準大統領制
松里公孝
地政学的対立とポピュリズムに翻弄された激動の30年を、大統領・議会・首相の関係から読み解く。時に暴力を伴う政治体制の変更は、なぜ繰り返されるのか。

1345
ロシアと中国　反米の戦略
廣瀬陽子
孤立を避け資源を売りたいロシア。軍事技術が欲しい中国。米国一強の国際秩序への対抗……。だが、中露蜜月の舞台裏では熾烈な主導権争いが繰り広げられている。

1550
ヨーロッパ冷戦史
山本健
ヨーロッパはなぜ東西陣営に分断され、緊張緩和の後は一挙に統合へと向かったのか。経済、軍事的側面にも注目しつつ、最新研究に基づき国際政治力学を分析する。

ちくま新書

1019 近代中国史 岡本隆司
中国とは何か？　その原理を解く鍵は、近代史に隠されている。グローバル経済の奔流が渦巻きはじめた時代から、激動の歴史を構造的にとらえなおす。

1080 「反日」中国の文明史 平野聡
文明への誇り、日本という脅威、社会主義と改革開放、矛盾した主張と強硬な姿勢……。驕る大国の本質を悠久の歴史に探り、問題のありかと日本の指針を示す。

1082 第一次世界大戦 木村靖二
第一次世界大戦こそは、国際体制の変化、女性の社会進出、福祉国家化などをもたらした現代史の画期である。戦史的経過と社会的変遷の両面からたどる入門書。

294 デモクラシーの論じ方 ――論争の政治 杉田敦
民主主義、民主的な政治とは何なのか。あまりに基本的と思える問題について、一から考え、デモクラシーにおける対立点や問題点を明らかにする、対話形式の試み。

465 憲法と平和を問いなおす 長谷部恭男
情緒論に陥りがちな改憲論議と冷静に向きあうには、そもそも何のための憲法かを問う視点が欠かせない。この国のかたちを決する大問題を考え抜く手がかりを示す。

594 改憲問題 愛敬浩二
戦後憲法はどう機能してきたか。改正でどんな効果が期待できるのか。改憲論議にはこうした実質を問う視角が欠けている。改憲派の思惑と帰結をクールに斬る一冊！

905 日本の国境問題 ――尖閣・竹島・北方領土 孫崎享
どうしたら、尖閣諸島を守れるか。竹島や北方領土は取り戻せるのか。平和国家・日本の国益に適った安全保障とは何か。国防のための国家戦略が、いまこそ必要だ。

ちくま新書

1033 平和構築入門 ――その思想と方法を問いなおす 篠田英朗
平和はいかにしてつくられるものなのか。武力介入や犯罪処罰、開発援助、人命救助など、その実際的手法と背景にある思想をわかりやすく解説する、必読の入門書。

1122 平和憲法の深層 古関彰一
日本国憲法制定の知られざる内幕。そもそも平和憲法は押し付けだったのか。天皇制、沖縄、安全保障……その背後の政治的思惑、軍事戦略、憲法学者の主導権争い。

1152 自衛隊史 ――防衛政策の七〇年 佐道明広
世界にも類を見ない軍事組織・自衛隊はどのようにできたのか。国際情勢の変動と平和主義の間で揺れ動いてきた防衛政策の全貌を描き出す、はじめての自衛隊全史。

1185 台湾とは何か 野嶋剛
国力において圧倒的な中国・日本との関係を深化させる台湾。日中台の複雑な三角関係を波乱の歴史、台湾の社会・政治状況から解き明かし、日本の針路を提言。

1220 日本の安全保障 加藤朗
日本の安全保障が転機を迎えている。「積極的平和主義」とは何か？ 自国の安全をいかに確保すべきか？ これらの点を現実的に考え、日本が選ぶべき道を示す。

1223 日本と中国経済 ――相互交流と衝突の一〇〇年 梶谷懐
「反日騒動」や「爆買い」は今に始まったことではない。近現代史を振り返ると日中の経済関係はアンビバレントに進んできた。この一〇〇年の政治経済を概観する。

1258 現代中国入門 光田剛編
あまりにも変化が速い現代中国。その実像を政治史、文化、思想、社会、軍事等の専門家がわかりやすく解説。歴史から最新情勢までバランスよく理解できる入門書。

ちくま新書

1262
分解するイギリス
――民主主義モデルの漂流
近藤康史
EU離脱、スコットランド独立――イギリスは政治の機能不全で分解に向かいつつある。もはや英国議会政治は民主主義のモデルたりえないのか。危機の深層に迫る。

1327
欧州ポピュリズム
――EU分断は避けられるか
庄司克宏
反移民、反グローバル化、反エリート、反リベラルが世界を席巻！　EUがポピュリズム危機に揺れる理由は、その統治機構と政策にあった。欧州政治の今がわかる！

1372
国際法
大沼保昭
いまや人々の生活にも深く入り込んでいる国際法。「生きた国際法」を誰にでもわかる形で、体系的に説き明かした待望の入門書。日本を代表する研究者による遺作。

1477
EU離脱
――イギリスとヨーロッパの地殻変動
鶴岡路人
ついに離脱を現実のものとしたイギリスが失うものとはなにか？　一枚岩になれないEUはどうなるのか？　なお問題山積のヨーロッパの現在を最も正確に論じる。

1512
香港とは何か
野嶋剛
選挙介入や国家安全法の導入決定など、中国の横暴がすさまじい。返還時の約束が反故にされた香港。若者中心の抵抗運動から中米対立もはらむ今後の見通しまで。

1514
中東政治入門
末近浩太
パレスチナ問題、「アラブの春」、シリア内戦、「イスラーム国」、石油依存経済、米露の介入……中東が抱える複雑な問題を「理解」するために必読の決定版入門書。

1587
ミャンマー政変
――クーデターの深層を探る
北川成史
二〇二一年二月、ミャンマー国軍がアウンサンスーチー国家顧問らを拘束した。現地取材をもとに、この政変の背景にある国軍、民主派、少数民族の因縁を解明かす。

ちくま新書

1601
北方領土交渉史
鈴木美勝
「固有の領土」はまた遠ざかってしまった。歴代総理や官僚たちが挑み続け、ゆっくりであっても前進していた交渉が、安倍外交の大誤算で後退してしまった内幕。

1498
香港と日本
——記憶・表象・アイデンティティ
銭俊華
二〇一九年から続くデモ、中国大陸の同化政策、日本のサブカルチャーの受容や大日本帝国の記憶……香港出身の研究者が香港の現在と「日本」を考察する。

1577
香港危機の700日 全記録
益満雄一郎
大規模な抗議デモに発展した香港の民主化運動。中国共産党は「国家安全法」を導入し、香港は「沈黙の街」と化した。その過程を鮮烈な筆致で描いたドキュメント！

1622
グローバリゼーション
——移動から現代を読みとく
伊豫谷登士翁
ヒト、モノ、カネが国境を越えて行き交う現代世界で、なぜ自国第一主義や排外主義が台頭するのか。グローバル化の根本原理を明らかにし、その逆説を解きほぐす。

1650
辺野古入門
熊本博之
なぜ、ここに新しい基地が——？　20年にわたるフィールドワークをもとに、社会学者が、辺野古の歴史と現在を描き出す。親愛にみちた、沖縄入門。

1668
国際報道を問いなおす
——ウクライナ戦争とメディアの使命
杉田弘毅
メディアはウクライナ戦争の非情な現実とその背景を伝え切れたか。日本の国際報道が抱えるジレンマを指摘し、激変する世界において果たすべき役割を考える。

1431
習近平の中国経済
——富強と効率と公正のトリレンマ
石原享一
対米貿易戦争と成長鈍化で中国経済は重大な転機を迎えている。なぜ改革は行き詰まっているのか。中国は凋落していくのか。中国経済の矛盾を見つめ今後を展望する。